千古汉语

中国文化百科

汉语

悠久汉语历史

郭艳红　编著　胡元斌　丛书主编

汕頭大學出版社

图书在版编目（CIP）数据

汉语 ：悠久汉语历史 / 郭艳红编著. -- 汕头 ：汕头大学出版社，2015.1（2020.1重印）
（中国文化百科 / 胡元斌主编）
ISBN 978-7-5658-1547-8

Ⅰ. ①汉… Ⅱ. ①郭… Ⅲ. ①汉语史 Ⅳ. ①H1-09

中国版本图书馆CIP数据核字(2014)第310349号

汉语：悠久汉语历史 HANYU：YOUJIU HANYU LISHI

编　　著：郭艳红
丛书主编：胡元斌
责任编辑：宋倩倩
封面设计：大华文苑
责任技编：黄东生
出版发行：汕头大学出版社
广东省汕头市大学路243号汕头大学校园内　邮政编码：515063
电　　话：0754-82904613
印　　刷：三河市燕春印务有限公司
开　　本：700mm×1000mm 1/16
印　　张：7
字　　数：50千字
版　　次：2015年1月第1版
印　　次：2020年1月第2次印刷
定　　价：29.80元
ISBN 978-7-5658-1547-8

前言

中华文化也叫华夏文化、华夏文明，是中国各民族文化的总称，是中华文明在发展过程中汇集而成的一种反映民族特质和风貌的民族文化，是中华民族历史上各种物态文化、精神文化、行为文化等方面的总体表现。

中华文化是居住在中国地域内的中华民族及其祖先所创造的、为中华民族世世代代所继承发展的、具有鲜明民族特色而内涵博大精深的传统优良文化，历史十分悠久，流传非常广泛，在世界上拥有巨大的影响。

中华文化源远流长，最直接的源头是黄河文化与长江文化，这两大文化浪涛经过千百年冲刷洗礼和不断交流、融合以及沉淀，最终形成了求同存异、兼收并蓄的中华文化。千百年来，中华文化薪火相传，一脉相承，是世界上唯一五千年绵延不绝从没中断的古老文化，并始终充满了生机与活力，这充分展现了中华文化顽强的生命力。

中华文化的顽强生命力，已经深深熔铸到我们的创造力和凝聚力中，是我们民族的基因。中华民族的精神，也已深深植根于绵延数千年的优秀文化传统之中，是我们的精神家园。总之，中国文化博大精深，是中华各族人民五千年来创造、传承下来的物质文明和精神文明的总和，其内容包罗万象，浩若星汉，具有很强文化纵深，蕴含丰富宝藏。

中华文化主要包括文明悠久的历史形态、持续发展的古代经济、特色鲜明的书法绘画、美轮美奂的古典工艺、异彩纷呈的文学艺术、欢乐祥和的歌舞娱乐、独具特色的语言文字、匠心独运的国宝器物、辉煌灿烂的科技发明、得天独厚的壮丽河山，等等，充分显示了中华民族厚重的文化底蕴和强大的民族凝聚力，风华独具，自成一体，规模宏大，底蕴悠远，具有永恒的生命力和传世价值。

在新的世纪，我们要实现中华民族的复兴，首先就要继承和发展五千年来优秀的、光明的、先进的、科学的、文明的和令人自豪的文化遗产，融合古今中外一切文化精华，构建具有中国特色的现代民族文化，向世界和未来展示中华民族的文化力量、文化价值、文化形态与文化风采，实现我们伟大的“中国梦”。

习近平总书记说：“中华文化源远流长，积淀着中华民族最深层的精神追求，代表着中华民族独特的精神标识，为中华民族生生不息、发展壮大提供了丰厚滋养。中华传统美德是中华文化精髓，蕴含着丰富的思想道德资源。不忘本来才能开辟未来，善于继承才能更好创新。对历史文化特别是先人传承下来的价值理念和道德规范，要坚持古为今用、推陈出新，有鉴别地加以对待，有扬弃地予以继承，努力用中华民族创造的一切精神财富来以文化人、以文育人。”

为此，在有关部门和专家指导下，我们收集整理了大量古今资料和最新研究成果，特别编撰了本套《中国文化百科》。本套书包括了中国文化的各个方面，充分显示了中华民族厚重文化底蕴和强大民族凝聚力，具有极强的系统性、广博性和规模性。

本套作品根据中华文化形态的结构模式，共分为10套，每套冠以具有丰富内涵的套书名。再以归类细分的形式或约定俗成的说法，每套分为10册，每册冠以别具深意的主标题书名和明确直观的副标题书名。每套自成体系，每册相互补充，横向开拓，纵向深入，全景式反映了整个中华文化的博大规模，凝聚性体现了整个中华文化的厚重精深，可以说是全面展现中华文化的大博览。因此，非常适合广大读者阅读和珍藏，也非常适合各级图书馆装备和陈列。

目录

汉字

熟语

语言

文体

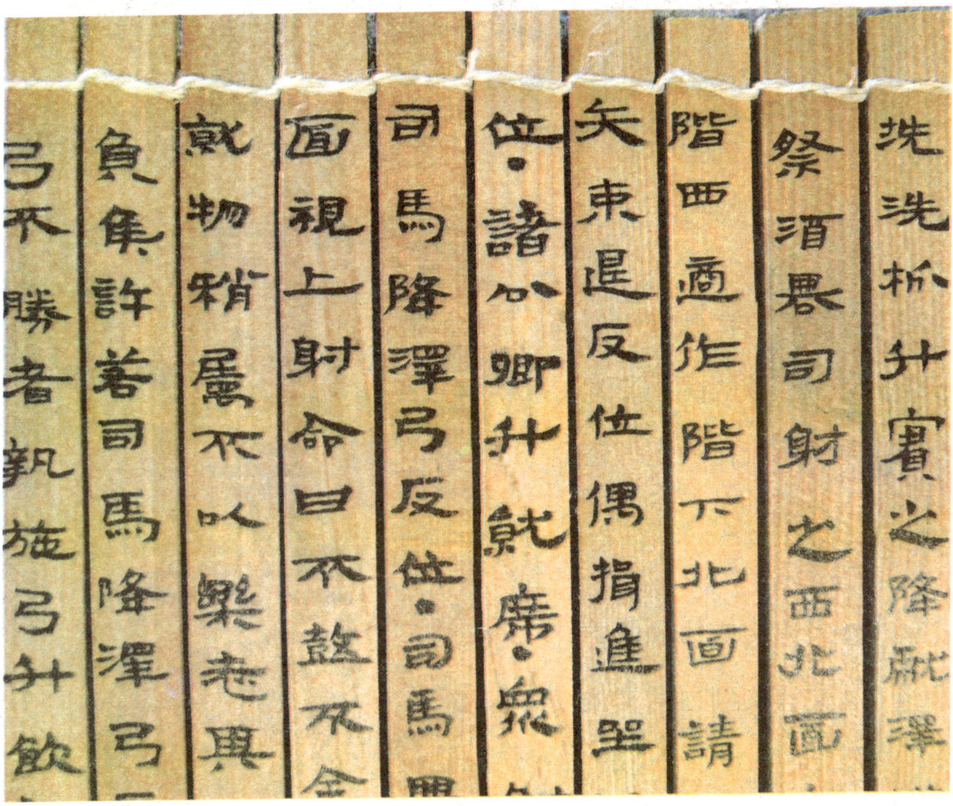

汉字

在远古时期，华夏先人长期使用口语交流，但随着日益增长的物资和生活条件的改善以及人们社会活动的增加，口语交流已经不能满足保存或传递信息的要求。在先人的不懈努力下，汉字最终突破时间和空间限制，从口语中脱颖而出，人们逐渐学会用简单文字记录生产生活中的事情。

随着时间的推移，文字和书面语开始丰富起来，人们可以用文字完整地记录事件或表达思想感情了。汉字的形成和完善经历了漫长的实践过程，华夏民族也由此进入了文明社会。汉字是华夏文明的主要载体，也是华夏的文明符号，它经过了漫长的演变，最后形成了一套完整的文字体系，承载着中华民族五千年的文明史。

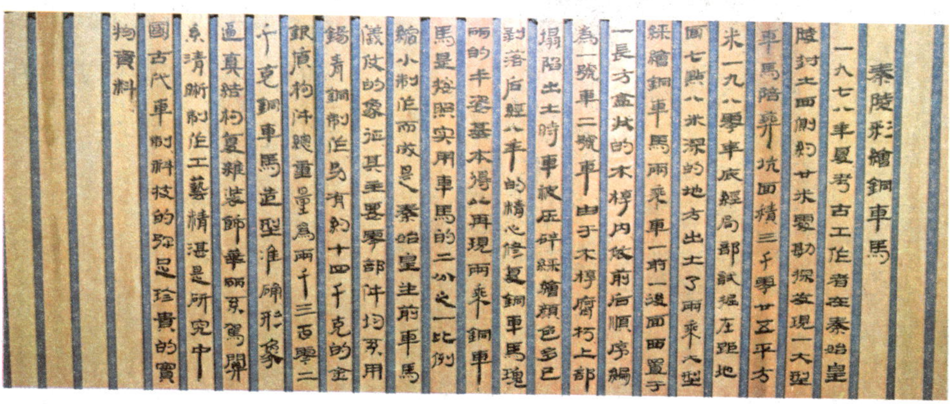

千古漫漫的汉字演变史

华夏始祖黄帝在统治中原大地时期，天下太平，百姓和睦，家家安居乐业，人人幸福安康。那个时候，黄帝手下有一个叫仓颉的人，为人踏实，黄帝就分派他专门管理部落里的牲口和仓储。

仓颉这人挺聪明，做事又尽力尽心，他很快熟悉了所管的牲口和食物。对这些牲口和食物，他了然于胸，无论谁问起来，都不会出差错。可慢慢的，牲口、食物的储藏在逐渐增加、变化，光凭脑袋记不住了。当时又没有文字，更没有纸和笔。怎么办呢？仓颉犯难了。

仓颉整日整夜地想办法，他在绳子上打结，用不同颜色的绳子，表示不

同的牲口、食物，用绳子打的结代表每个数目。但时间一长久，就不奏效了。这增加的数目在绳子上打个结很方便，而减少数目时，在绳子上解除一个结就麻烦了。

仓颉又想到了在绳子上打圈圈，在圈子里挂上各式各样的贝壳，来代替他所管的东西。增加了就添一个贝壳，减少了就去掉一个贝壳。这种方法挺奏效，一连用了几年。

黄帝见仓颉这样能干，让他管的事情愈来愈多，年年祭祀的次数，每次狩猎的分配，部落人丁的增减，也统统让仓颉管。仓颉又犯难了，凭着添绳子、挂贝壳无法应付这些事务了。这该如何是好呢？

这天，他参加集体狩猎，走到一个三岔路口时，几个老人为往哪条路走争辩起来。一个老人坚持要往东，说有羚羊；一个老人要往北，说前面不远可以追到鹿群；一个老人偏要往西，说有两只老虎，

不及时打死，就会错过了机会。

仓颉一问，原来他们都是看着地下野兽的脚印才认定的。仓颉心中猛然一喜：既然一个脚印代表一种野兽，我为什么不能用一种符号来表示我所管的一种东西呢？他高兴地拔腿飞奔回家，开始创造各种符号来表示事物。比如仓库里储存着一头鹿，仓颉就画一个鹿角表示出来。如果储存着一匹马，就画出一匹马的形状。如果是稻米，就画两片叶子，中间点几个点表示稻穗。以此类推，符号创造出来了，仓颉利用这些符号把事情管理得头头是道。

黄帝知道后，大加赞赏，他命令仓颉到各个部落去传授这种管理方法。渐渐地，这些符号的用法在各部落推广开了。而这些符号渐渐就形成了文字。汉字就是在仓颉所发明的“文字”的基础上形成的。

仓颉发明文字后，又经过了若干年后进入了商朝时期。商代崇尚迷信，凡祭祀、捕猎等活动，常用龟甲兽骨占卜吉凶，并在其上刻写占卜时日、占卜者的名字、所占卜的事情和占卜结果等，推动了汉字的发展。

刻在这些龟甲兽骨上面的文字被称为“甲骨文”。甲骨文又称契文、龟甲文或龟甲兽骨文。甲骨文基本上是商王朝统治者的占卜纪录，涉及了方方面面的内容。

在商代，甲骨文已经发展成为能够完整记载汉语的文字体系了。由于甲骨文是用刀刻成的，而刀有锐有钝，骨质有细有粗，有硬有软，所以刻出的笔画粗细不一。

随着商朝的灭亡，甲骨文也逐渐消逝。商末周初，青铜器技术有了很大提高，统治者令工匠在青铜礼器上加铸铭文以记载铸造的原由、用以纪念或祭祀的人物等，铸刻在这些青铜礼器上的文字称为“金文”，也叫钟鼎文。

金文一般是先写好字，再刻在模子上铸出，也有些是直接刻在器物上的。铸刻的字凹下去的叫“阴文”，这种字最多；凸起来的叫“阳文”。

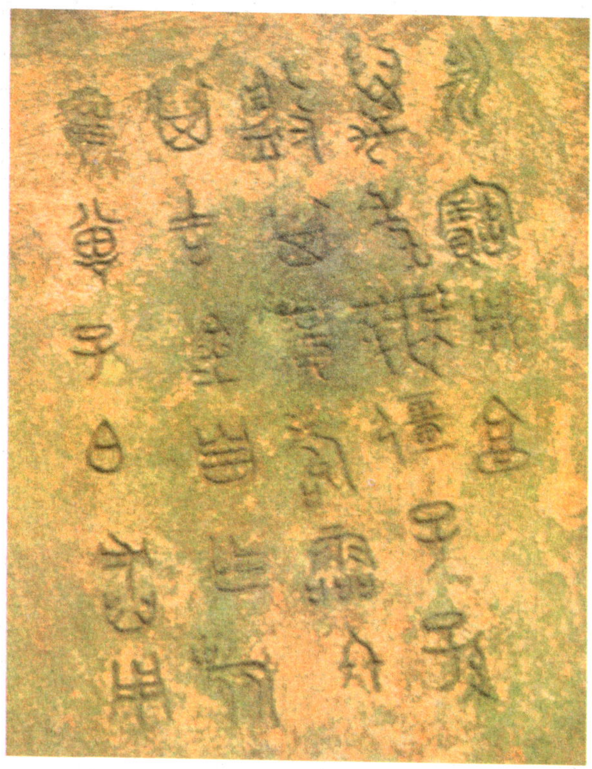

金文有时代早晚的区分，基本上和铜器的种类、形制和花纹等的分期是一致的。大致为商代到西周前期、西周后期到春秋以及战国时期。

如果从字形、文章和铭文内容等方面看，又可以细分为八个时期：商代前期、末期、西周早期、中期和晚期，春秋早期、晚期和战国时期。周朝

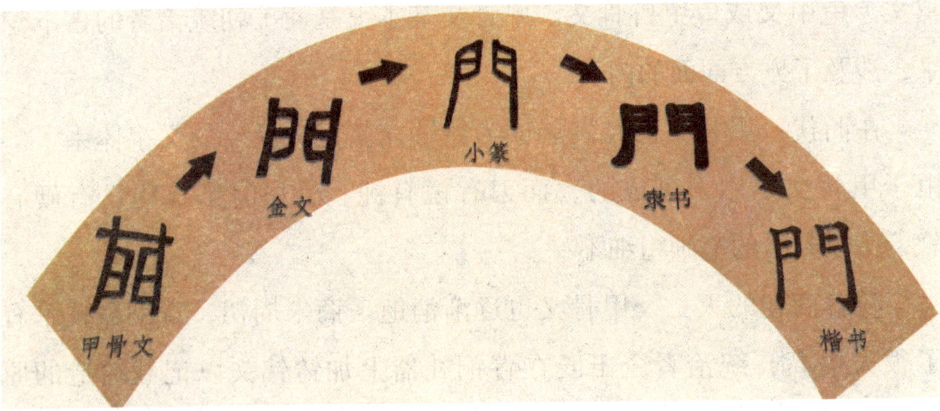

时，金文达到了鼎盛时期。

金文大约有三千零五字，较甲骨文略多。金文代甲骨文而起，同甲骨文一样，具有古朴的风格。

金文的内容是对当时祀典、赐命、诏书、征战、围猎、盟约等活动或事件的记录，反映了当时的社会生活。金文字体整齐遒劲，古朴厚重，和甲骨文相比，脱去了板滞，变化多样，更加丰富，而且更易于识别。

东周时期，秦国的文字有了新的发展，它们的字形结构大体上保持了西周的写法，只是变得更加整齐匀称，这种文字称之为“大篆”，也叫“籀文”。

秦始皇统一六国以后，进行了一系列的改革，其中一项改革就是统一文字，这项改革是在丞相李斯的主持下进行的。办法是把秦国原来使用的大篆酌加简化后，推行到全国，同时废除战国时期那些区域性的异体字——六国古文。这种经过整理的秦国文字就是小篆。

小篆使用圆转匀称的线条，形体整齐，确立了文字的符号性，文字的书写因此有了规律。小篆确定了每个偏旁在文字形体中的位置，不能随意颠倒，每个字形所用的偏旁固定为一种，不能用其他偏旁代替，每个字的书写笔数基本固定，这样就做到了定型化。

秦始皇时期刚刚平定天下，政务繁杂，各部门来往的文书繁多，用小篆写公文虽然比以前方便了许多，但小篆不便于速写，还是费时费力，影响工作速度和效率。

当时，有一个叫程邈的狱吏，由于性情耿直，得罪了上司，被关进了云阳狱中。程邈平素喜好思考，所以，在狱中琢磨起文字来。

低级官吏出身的程邈深知小篆难以适应公务，他想若能创造出一种容易辨认又书写快速的新书体，不是更好吗？脑子里有了这个想法，程邈便绞尽脑汁地琢磨。

程邈把流传在民间的各种书体搜集在一起，潜心研究，一个一个加以改进，他把大小篆的圆转改变为方折，同时删繁就简，去粗取精，经过加工整理，十年后，终于创造出一种书写便利又易于辨认的

文字来。这种文字是程邈在监狱中创造出来的。

后来，程邈将3000多个经过改进的文字进献给秦始皇看。秦始皇看了程邈改进的文字，非常高兴，不仅免了程邈的罪，还让他出来做官，提升为御史。由于程邈的官职很小，属于“隶”的级别，所以人们就把他编纂整理的文字叫“隶书”了。

隶书在形体上由图形变为文字笔画，象形变为象征，复杂变为简单。秦朝初创的隶书，结体和用笔都带有篆书的意味，长扁不一，波磔也不明显。

到了东汉，隶书才有了大的变化，结构向扁平发展，笔画出现了雄健的波磔，更趋于工整精巧，从而形成了汉朝隶书的独特字体。这个时期的文字也开始叫作汉字了，汉语之名也由此诞生了。

在篆书向隶书转化的时期，在民间流行将篆书草写，其写法逐渐统一，最终产生了具有规则的字体，这种草写的字体被称为草书，早期的草书是跟隶书平行的书体，一般称为隶草，实际上夹杂了一些篆草的形体。

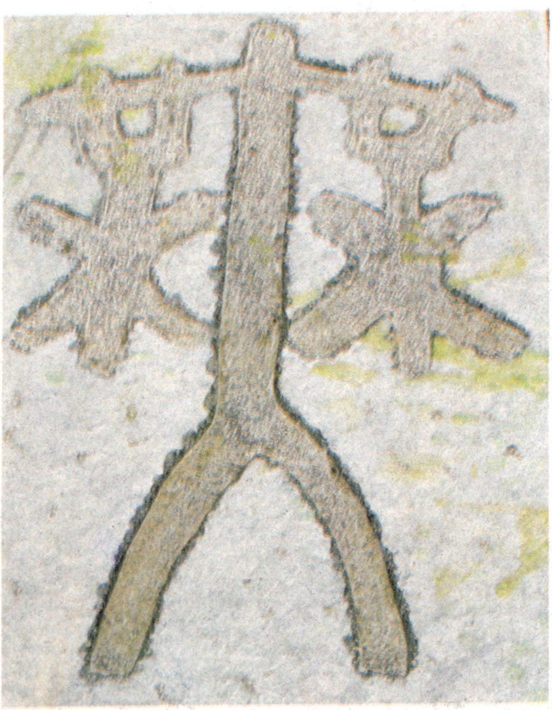

早期草书和汉代的隶书进一步融合，形成了一种比早期草书雅化的草书，称为章草。章草波磔鲜明，笔画呈“波”形，字字独立，字形遍方，笔带横势。

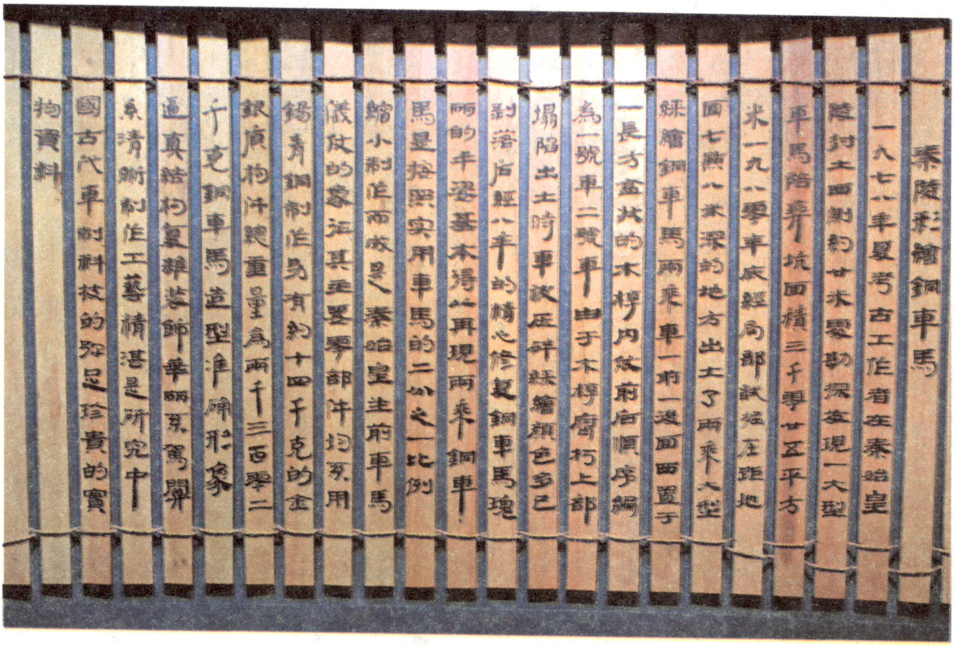

章草在汉魏之际最为盛行。汉末，章草进一步“草化”，脱去隶书笔画痕迹，上下字之间笔势牵连相通，偏旁部首也作了简化和互借，称为“今草”。

在隶书的产生、发展、成熟的过程中，还孕育着一种新的字体，这种新的字体叫作真书。真书也叫楷书，它从隶书逐渐演变而来，比隶书更趋简化，横平竖直。

楷书始于汉末，在南北魏到晋唐时最为流行。按照时期划分，可分为魏碑和唐楷。魏碑是指魏、晋、南北朝时期的书体，它可以说是一种从隶书到唐楷的过渡书体，很不成熟，经常带有隶书的写法在其中，结体略宽，横画长而直画短。

唐代是楷书的成熟期。楷书书体趋于成熟，书家辈出，其作品均为后世所重，奉为习字的模范。

在楷书的基础上又产生了行书。行书是介于楷书、草书之间的一种字体，是为了弥补楷书的书写速度太慢和草书的难于辨认而产生的字体。

“行”是“行走”的意思，因此它不像草书那样潦草，也不像楷书那样端正。实质上它是楷书的草化或草书的楷化。

行书大约产生于西汉晚期和东汉初期，繁荣于东晋。由于行书比较实用，书写比楷书更为便利，又不像草书那样难以辩认，所以是人们最常用的字体。

从“仓颉造字”到甲骨文、金文、篆书、隶书、草书、楷书和行书，经历了漫长的过程，其间从复杂到简单，从散乱到规范，从繁琐到简洁，表现了华夏汉字发展的辉煌历程。

拓展阅读

有一天，仓颉正在教各个部落的人识字，有个老人和其他人一样认真地听着。仓颉讲完，别人都散去了，唯独这老人不走，还坐在老地方。老人说：“仓颉啊，我人老眼花，有几个字还糊涂着呢，你肯不肯再教教我？”

仓颉很高兴，催他快说。老人说：“你造的‘马’字，‘驴’字，‘骡’字，都有四条腿吧？而牛也有四条腿，你造出来的‘牛’字怎么没有四条腿，只剩下一条尾巴呢？”仓颉一听，心里有点慌了。原来他造“鱼”字时，写成了“牛”样；造“牛”字时，写成了“鱼”样。

见仓颉露出了羞愧的神色，老人拉着仓颉的手，诚挚地说：“仓颉啊，你创造了字，使我们老一代人的经验能记录下来，传下去，你做了件大好事，世世代代的人都会记住你的。你可不能骄傲自大啊！”

内涵丰富的汉字范畴

野兽留下的脚印启发了仓颉，使他发明了最早的“文字”。仓颉发明的文字形似图画，如“马”字、“驴”字都像动物马和驴的形象。这种像物体原本样子的文字被形象地称为“象形文字”。

象形字最初是描绘物体的样子，后来逐渐演化成一种线条符号，《说文解字·叙》载：“象形者，画成其物，随体诘诎，日月是也。”比如日、月、山、水4个字，最早就是描绘日、月、山、水的图案，后来逐渐演化变成“字”的造型。

象形字有独体象形与合体象形之分。合体象形所合之二体，有一体不能单独成字，有一体可以单独成字。

甲骨文也属于一种象形文

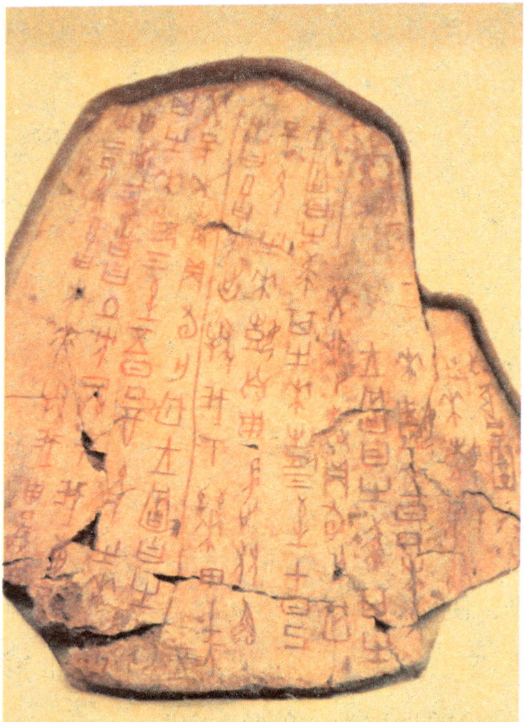

字，如甲骨文“月”字像一弯月亮的形状，“龟”字像一只龟的侧面形状，“马”字就是一匹有马鬣、有四腿的马，“鱼”是一尾有鱼头、鱼身、鱼尾的游鱼，“门”字就是左右两扇门的形状。

不但甲骨文属于象形文字，石刻文和金文也算是象形文字，也都来自于图画。

象形文字直接明了，使人一看就知道是什么。但是，象形文字局限性很大，并不是什么东西都能用线条简洁地画出来，一些事物根本无“形”可“象”，而且，还有其他种种不方便之处。

于是在象形的基础上，又产生了指事字和会意字。指事是在象形的基础上加上简单的指示性符号而创造新字的方法。一般是用一两个抽象符号，或用一个象形符号再加上一个抽象符号来表示一个新的字义。

指事只是一种辅助性的造字法。因为只有极少数的意义才能用指事的方法表示出来，所以指事字很少。

指事字可分为两类，一类是纯指事字，全部用指事性的符号来表示，如一、二、三、四等。这类指示字可能是来自原始的刻画符号。

另一类是在象形字的某一部位加上点画性符号，以表明造字的意图所在，如“刃”是在刀口处加一点，指明刀刃。“本”是在“木”字下方加上一短画，指明是树木的下端。

会意也叫“象意”，是把两个或两个以上的象形符号拼合起来表示一个新字的造字法。会意字一般都是合体字，较普遍的是用不同的字组成的“异文会意”。

会意字以象形字为基础，满足不了生活、生产的需要，于是又出现了形声字。形声造字法是一种用两个现成的符号，一个表示意义，一个表示声音，合起来表示一个新字的造字法。

形声字的主要类型有：左形右声字，如：城、松、情、帽；右形左声字，如：领、功、战、鸭；上形下声字，如：宇、花、篱、雾；下形上声字，如：想、梨、盒；内形外声字，如：问、辩、闻、闷；外形内声字，如：裹、围、府、固。

上面六种方式可以概括为左右、上下、内外3种相互关系而形成的形声字，其中以左形右声为最普遍。形声有表音成分，因而不同于象形、指事和会意。形声的结构相当简单清楚，因此应用最广。

此外，还有假借和转注造字法。假借是

借用已有的字来代替要造的字，也就是赋予旧字以新义，成为一个新字的造字方法，如“西”字本是一个会意字，表示鸟在巢上之意，后来有了“栖”，就把“西”字借为表示方向的字了。

转注就是两个或两个以上的字，具有同样的形旁，它们的意义可以互相注释，如“老”和“考”；“会”和“合”。古时“考”可作“长寿”讲，“老”、“考”相通，意义一致，即所谓老者考也，考者老也。

象形、指事、会意、形声、转注、假借是汉字的六种造字方法，总称为“六书”。绝大多数汉字都是借助这六种造字法产生的。

汉字是音、形、意的统一体，汉字的字形就是汉字的形体。笔画是构成汉字的基本材料，也是汉字的最小构成单位。书写时，笔画的走向和出现的先后次序，叫“笔顺”。

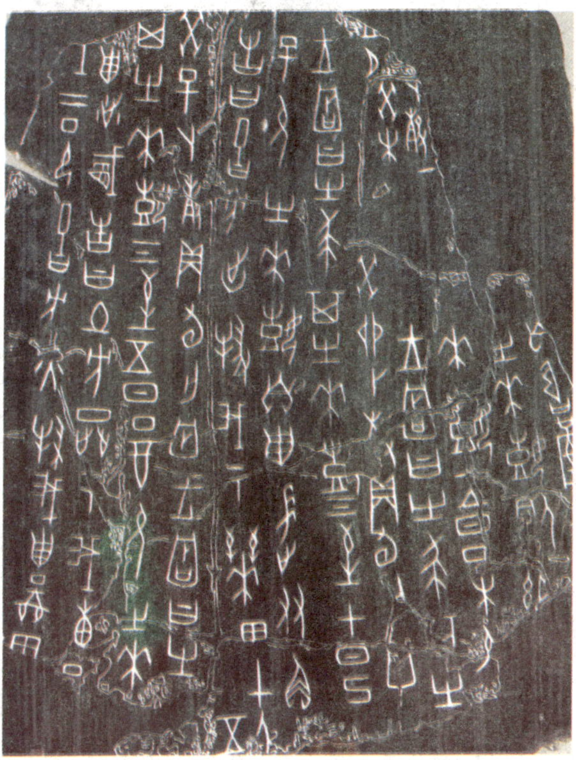

汉字的笔顺是比较固定的。基本规则是：先横后竖，先撇后捺，从上到下，从左到右，先外后内，先外后内再封口，先中间后两边。

汉字包括独体字和合体字，独体字不能分割。合体字由基础部件组合构成，如：“日”、“月”为“明”；“禾”、“火”为

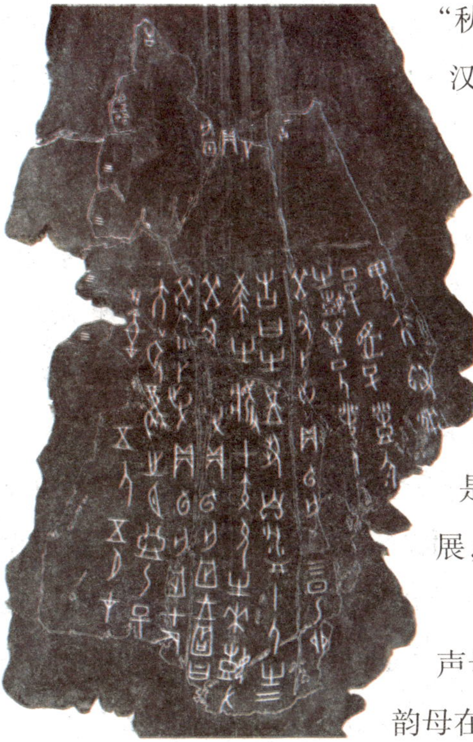

“秋”。这种合体字数量最大，占了汉字的90%以上。汉字的基础部件包括独体字、偏旁部首和其他不成字部件。

字义就是字表示的意义，如“马”是表示一种动物；“日”表示太阳，等等。通常一个字有几种相近或不同的意思。字义是不断变化的，通常随着社会的发展，表示的意义会有所变化。

汉字的音就是汉字的读音，分为声母、韵母和声调，通常声母在前，韵母在后，声母加上韵母组成声韵结构，声韵结构加上声调就是字音。不同的字可能有不同的字音，也可能有相同的字音。一个字也可能有多个字音。

汉字最早的注音方法是读若法和直注法。读若法就是用音近的字来注音，东汉许慎的字典《说文解字》就采用这种注音方法。直注法就是用另一个汉字来表明这个汉字的读音。

以上两种方法都有不完善的地方，有些字没有同音字或是同音字冷僻，这就难以起到注音的作用。

魏晋时期发展出了反切法，汉字的发音可以通过反切法进行标注，即用第一个字的声母和第二个字的韵母和声调合拼来注音，这使得所有汉字发音都有可能组合出来。在此基础上，又发展出了汉字形式的注音符号以及很多拉丁字母注音方法。

从甲骨文、金文到大篆、小篆，汉字字体逐步变为以线条符号为主，字形逐渐固定，在这个过程中，很多字体简化了，而到了隶书和楷书时期，简化的字体更多。虽然字体得到了简化，但还是相对繁缛，因此还属于繁体字。

繁体字笔画多、结构复杂，为了便利书写和认记，人们将汉字进行了简化。自南北朝以来，在民间出现了笔画较少的字，这种字被称为“俗体字”。俗体字是相对于正体字而言的，合乎书写规范的字就是正体字或正字，不合书写规范的字就是俗体字。

和正体字比较起来，俗体字的特点是改变笔画或更换偏旁，也有少数是另造的。由于很多俗体字比正体字笔画少，应用方便，所以流传不断。实质上，俗体字就是一种流传在民间的简化字。

将繁体字简化的方法通常有6种，一是更换偏旁，二是删除局部，三是同音替代，四是全部改造，五是简化类推，六是草书楷化。

殷商在龟甲或兽骨上契刻的甲骨文内容涉及商代社会生活的诸多方面，不仅有政治、军事、文化、社会习俗等内容，而且涉及天文、历法、医药等科学技术。它们被契刻在大约15万片甲骨上，共有4500多个单字。

从甲骨文到金文，再到篆书、隶书、草书、楷书和行书，汉字的数量不断发生变化，有的字消失了，而又有新的字被创造出来。汉代许慎著的《说文解字》共收录了9353字。其后，南朝时顾野王所撰的《玉篇》共收录16917字，在此基础上修订的《大广益会玉篇》则收录了22726字。

此后收字较多的是宋朝官修的《类篇》，收字31319个；另一部宋朝官修的《集韵》中收字53525个，曾经是收字最多的一部书。

总体上看，汉字的数量并没有准确数字，总数约有近十万个，其中有少数异体字和罕用字。绝大多数异体字和罕用字已被规范掉了，一般只在人名、地名中偶尔出现，人们日常所使用的汉字大约只有几千字。

汉字历经几千年的演变、流转，期间又经历了无数次的增减、删改，凝结着先人们的无上智慧，蕴含着丰厚的历史和文化内涵，是华夏文明得以延续千年不断的重要载体。

拓展阅读

由于我国古代没有拼音字母，只好用汉字来注音。用汉字注音叫作“直音”。直音有很大的局限性，有时候，这个字没有同音字；有时候，这个字虽有同音字，但是那些同音字都是生僻的字，注了直音等于不注，以生僻字注常用字，可以说越注越糊涂。

最终古人发明了用反切法注音。反切法比起直音法来有很大的进步。这个方法大约兴于汉末，开始的时候叫作“反”，又叫作“翻”，唐人忌讳“反”字，所以改为“切”字。可以说，反切方法的发明，是汉语音韵学的开始。反切的方法是：对前一个字(反切上字)只取它的声母；对后一个字(反切下字)只取它的韵母和声调，合起来相拼得出的字音，便是这个生字(被切字)的读音。再用消去法，消去括号中反切取音时不用的反切上字的韵母和反切下字的声母，用反切下字的声调，得出被切字的读音。

承载厚重的汉字典籍

东汉时期，曾大行其道的隶书有了新的变化，结构向扁平发展，笔画出现了雄健的波磔，字体更趋于工整精巧，从而形成了汉朝隶书的独特字体。这个时期的文字，被称为汉隶，也开始叫作汉字了。

这个时候，汉字已经非常多了，表意也非常丰富了，但是同时也变得很混乱了，很多人常常弄不明白一个字究竟该怎么样写，又具体代表什么意义。当时的经学大师许慎十分清楚汉字在使用过程中的混乱局面，他决定编纂一部关于汉字的书，可以帮助人们认识这些“不安分”的字。

公元100年，许慎开始编著字书，他根据文字的形体，创立了540个部首，将9353个字分别归入这540部。540部又并为14大类，正文就按这14大

类分为14卷，卷末叙目别为一卷，这样全书共有15卷。

许慎的工作是在他之前没有人做过的，他开了一个伟大的先河，许慎把这部关于字的书叫作《说文解字》。对《说文解字》的书名，许慎这样解释：

仓颉之初作书也，盖依类象形，故谓之文。其后形声相益，即谓之字。文者，物象之本；字者，言孳乳而寖多也。

大意是：仓颉开始造文字时，大概是按照万物的形状临摹，所以这种图画似的符号叫作“文”，后来，形与声结合的符号便叫“字”。“文”，就是描绘事物本来的形状，“字”的含义是说滋生、繁衍。

《说文解字》的体例是先列出小篆，如果古文和籀文不同，则在后面列出。然后解释这个字的本义，再解释字形与字义或字音之间的关系。

《说文解字》改变了周、秦到汉代有关文字书的编纂方法，将所收字编成四言、七言韵语的形式，开创了部首编排法，其部首排列是按照形体相似或者意义相近的原则排列的。

后世的字典大多采用了按部首检字的方式，由此，清代经学家段玉裁称《说文解字》：“此前古未有之书，许君之所独创。”

《说文解字》保存了大部分先秦字体以及汉代和以前的不少文字训诂，反映了上古汉语词汇的面貌，比较系统地提出了分析文字的理论。

许慎在《说文解字》中还非常系统地阐述了汉字的造字规律，即“六书”造字法：象形、指事、会意、形声、转注、假借。从此，“六书”成为专门之学。“六书”不能单纯认为就是造字法，前四种象形、指示、会意、形声是造字法，而转注和假借则为用字法。

《说文解字》完整而系统地保存了小篆和部分籀文，是认识更古文字甲骨文和金文的桥梁，是注释古书、整理古籍的重要依据。

许慎历时21年，最终在公元121年完成了《说文解字》的编纂工作。《说文解字》问世以后，很快就引起当时学者的重视，在注释经典时常常引证《说文解字》。到了南北朝时代，学者们对《说文解字》已经有了比较完整、系统的认识。唐代科举考试规定要考《说文解字》。

继《说文解字》之后，解释字的著作有了新发展，晋代学者吕忱编纂的《字林》是一部按汉字形体分部编排的字书。《字林》共7卷，仿照《说文解字》而作，共收12824字，兼有异体，分为540部。

《字林》在字书发展史上很重要，在历史上曾有过巨大的社会影响。唐朝以前，《字林》与《说文解字》并重，而且以此为考取书学博士的内容。

公元543年，南朝梁黄门侍郎兼太学博士顾野王奉命编纂一部字书。顾野王如约完成了这部字书的编纂工作，这部字书叫作《玉篇》。

《玉篇》也是按汉字形体分部编排的字书，收字16917字，共542部，与《说文解字》相同的部首529个，不同的部首有13个。

部首的顺序和《说文解字》大不相同，除去开首几个部首和最后的干支部首与《说文解字》一致，其他都是重新安排的。

顾野王有意将意义相

近的部首排在一起，例如卷三所包括的人部、儿部、父部、臣部、男部、民部、夫部、予部、身部、兄部、弟部、女部，但他并未能始终维持这一原则。

与《说文解字》以说明字形为主不同，《玉篇》以说明字义为主，所以它不再像《说文解字》那样说“从某，某声”，同时也不限于本义，而是把一个字的多种意义罗列在一起。在这方面，《玉篇》显示出了创造性，丰富了汉字字典内容的多样性。

此外，《玉篇》较《说文解字》改进的地方还有，它先出反切，使读者见到一个字后就可以知道或了解它的读音。它引用了《说文解字》的解释，方便了使用者。虽然有时《玉篇》没有明引《说文解字》，但也是根据《说文解字》而来的。

顾野王在《玉篇》中尽可能举例，并对例子作了必要的解释，此外，顾野王还注意到一些一词多义的现象，并指了出来。

隋文帝统治初年，音韵学家陆法言在音韵学方面有着精深的造诣。他潜心研究音韵，编写韵书。公元601年，他写成韵书《切韵》五卷。

《切韵》收录了12158个汉字，以韵目为纲，共分193韵，其中平声54韵，上声51韵，去声56韵，入声32韵。《切韵》以当时洛阳语音为基础，酌收古音及其他方言音而成书。通过它可以研究上古音和古代方言。

陆法言在研究前人韵书的基础上，使自己的这部著作更加完整系统。全书同音字全被归在一起。每一音前标以圆圈，称为韵纽，头一字下以反切注音。每字均有释义。当时人称颂《切韵》是“时俗共重，以为典规”。

《切韵》写成后，取代了六朝诸家韵书。唐、宋韵书多以它为蓝本，如宋朝陈彭年等重修的《广韵》，即以《切韵》为蓝本编写。

《广韵》全称《大宋重修广韵》，是北宋时代官修的一部韵书，成书于1008年，由陈彭年、丘雍等奉旨在前代韵书的基础上编修而成。

《广韵》是宋以前韵书的集大成者。原本是为增广《切韵》而作，除增字加注外，部目也略有增订。

《广韵》正文共收26194字，共5卷，平上去入四声分置于5卷之中。平声分上下2卷，上、去、入声各1卷。分206韵，包括平声57韵，上声55韵，去声60韵，入声34韵。

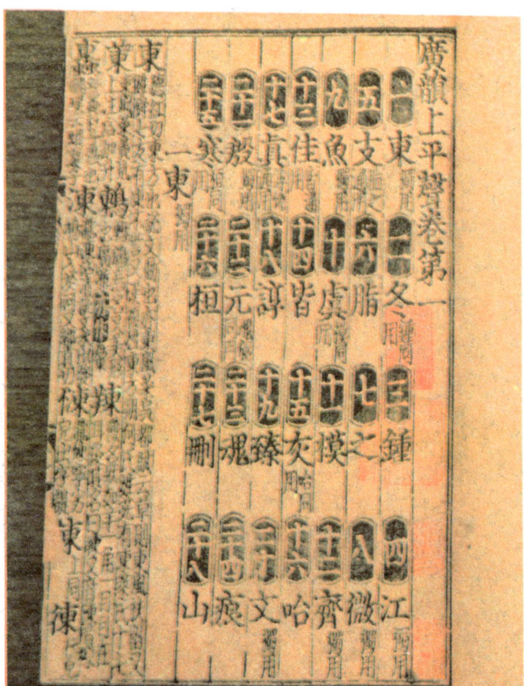
廣韻上平聲卷第一
東 冬 鍾 江
支 脂 之 微
魚 虞 模 齊
佳 皆 灰 咍
真 諄 臻 文
殷 元 魂 痕
寒 桓 刪 山
一東

《广韵》把同韵字归在一起，而且进一步把同音字也归在一起，注明反切读音，有同字异形的又列出异体，辨析正俗，并对每个字的字义作了解释。有的还引经据典，解释得十分详细。所以它既是一部韵书，又是一部字书，同时还具有类书的性质。

在北宋年间，王洙、胡宿、掌禹锡、张次立等人奉宋仁宗之命相继修纂一部按部首编排的字书，此字书名为《类篇》。1066年，编纂工作由司马光接替，第二年该书缮写完成。

《类篇》所收字数为31319字，比原本《玉篇》增多一倍，它依据《说文解字》，分为14篇，加上目录1篇，共15篇。每篇又各分上、中、下，合为45卷。全书的部首为540部，与《说文解字》相同，部首排列的次序变动也很少。

《正字通》也是一部按汉字形体分部编排的字书，由明代崇祯末年国子监生张自烈编撰。这部书总12卷，共214部。部首次序和每部之内的字次都按笔画多少来排，这跟《字汇》一样，但是《字汇》注释比较简单，而《正字通》繁博得多。

《正字通》在字典史上有一定的地位，清代修编的《康熙字典》即参考了《正字通》，但更加详备。

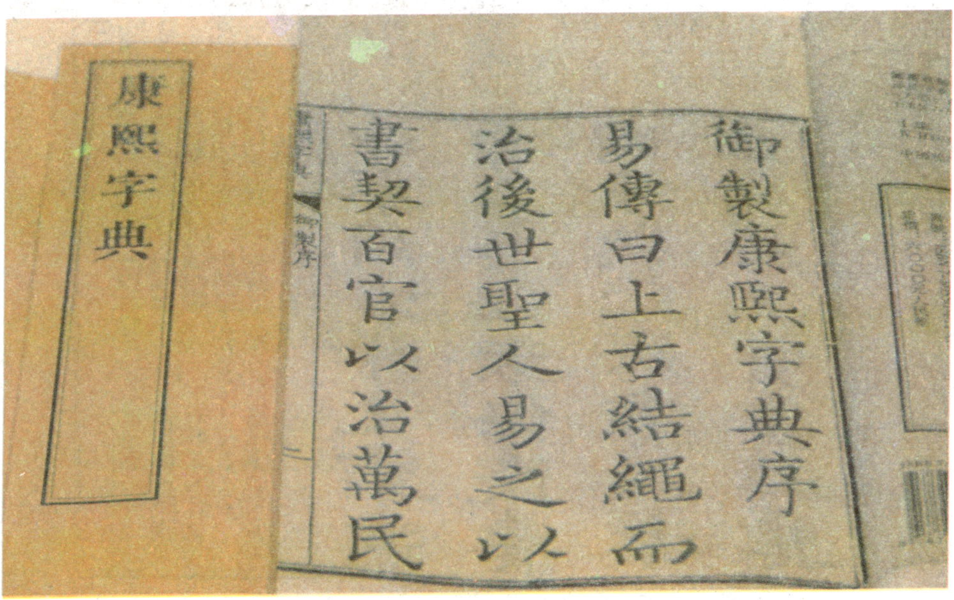

1710年，张玉书、陈廷敬等三十多位著名学者奉康熙圣旨正式开始编撰一部具有深远影响的汉字字书。张玉书、陈廷敬等人殚精竭虑，辛勤编纂，历时6年，于康熙五十五年，即1716年，编纂完成了这部具有深远意义的字书。

由于是在康熙皇帝的钦命下编纂的，因此这部字书被定名为《康熙字典》。

《康熙字典》采用部首分类法，按笔画排列单字，字典全书分为12集，以十二地支排序，每集又分为上、中、下3卷，并按韵母、声调以及音节分类排列韵母表及其对应汉字，共收录47035个汉字，为收录汉字最多的古代字典。

除了收字丰富以外，《康熙字典》以214个部首分类，并注有反切注音、出处及参考等，差不多把每一个字的不同音切和不同意义都列举进去，可以供使用者检阅。

另外，除了僻字僻义以外，《康熙字典》又差不多在每字每义下都举了例子。这些例子又几乎都是引用了“始见”的古书。

在《康熙字典》以前，解释汉字的著作都叫作字书，从《康熙字典》开始，都改字书为字典了，因此《康熙字典》是我国第一部以字典命名的汉字辞书。

《康熙字典》是历代字书之集大成者，可以满足读者阅读和研究古典文献时查检的基本需要，因此社会意义重大，它的诞生为后世字典的编纂起到了典范作用。

在《康熙字典》之后，又有两部大部头字典问世，意义重大，而且影响深远。它们分别是《中华大字典》和《汉语大字典》。

《中华大字典》于1909年开始编纂，1914年编成，本书共收字4.8万多，其中包括方言字和翻译的新字。该书纠正了《康熙字典》中4000余处错误，且全书附有插图，在注音、释义方面更简明、合理。

《汉语大字典》全书共收楷书单字5.6多个，凡古今文献、图书资料中出现的汉字，几乎都可以从中查出，是规模最大、收集汉字单字最多、释义最全的一部汉语字典。

拓展阅读

我国古代将字典称为字书。字书一词，作为解释文字的著作的泛称，在南北朝时已经通用。见于著录最早的字书，是相传周宣王时出于太史籀之手的《史籀篇》。

战国至西汉，为我国字书的萌芽时期．代表作除《史籀篇》外，还有秦代李斯的《苍颉篇》、赵高的《爰历篇》、胡毋敬的《博学篇》，西汉史游的《急就篇》、扬雄的《训纂篇》等。它们大都只是编次文字，并无解说。第一部有系统的字书，则是东汉许慎的《说文解字》。《说文解字》为以后字书的发展奠定了基础。其后仿照《说文解字》编成的字书很多。取“字典”为书名的，通常认为始于《康熙字典》。

熟语

熟语是民间集体创造、广为流传、言简意赅并较为定性的艺术语句，是民众的丰富智慧和普遍经验的规律性总结。其语义结合紧密、语音和谐，在语言中可以独立运用，恰当地运用熟语可使语言活泼风趣，增强文章的表现力。

熟语内容丰富，多数反映了劳动人民的生活、生产实践经验，而且一般都是经过口头流传下来的，多是口语形式的通俗易懂的短句或韵语，具有结构上的稳定性和意义上的整体性。通常包括成语、谚语、俗语、格言及歇后语等。

汉民族语言瑰宝的成语

春秋战国时期，鲁国出了个大学问家孔子，他知识渊博，学富五车，懂得方方面面的知识，当时，有很多人拜他为师，跟随他学习知识，据说弟子最多时有3000余人。

有一天，一个叫子贡的弟子问孔子："孔文子何以谓之'文'也?"

意思是说"孔文子为何得到'文'这个谥号呢?"

孔文子指的是卫国大夫孔圉，孔圉十分谦虚好学，卫国的国君为了发扬他好学的精神，在他离世后，赐给他"文"的谥号。

孔子见子贡提出这样一

个问题，他非常高兴，不假思索回答道："敏而好学，不耻下问，是以谓之'文'也。"

意思就是"因为他聪明又爱好学习，并且不把放下身份向人请教看成是可耻的事，所以死后才得到'文'的谥号"。

孔子的回答中有一个四字短语"不耻下问"，这个四字短语意思是不以向不如自己的人请教问题为羞耻。这个四字短语言简意赅，含义丰富，而且不能拆分开来，像这样的四字短语就被称为成语。

成语是汉字语言词汇中一部分定型的词组或短句，有固定的结构形式和固定的含义，在语句中是作为一个整体来应用的。

成语有三大特性：习用性、完整性、定型性。习用性是指成语有着广泛的社会基础，是千百年间长期沿袭下来的，有着悠久的使用历史，如"欣欣向荣"，这一成语在东晋陶潜的《归去来兮辞》中已见

到：“木欣欣以向荣，泉涓涓而始流。”

这里，“欣欣向荣”是说草木繁荣茂盛。后来，这一成语用来形容事业的蓬勃发展和繁荣昌盛。

再如，“迎刃而解”这一成语见于《晋书·杜预传》：“今兵威已振，譬如破竹，数节之后，皆迎刃而解，无复着手处也。”

“迎刃而解”本来是说破竹子，头上几节一破开，下面的就随着刀口裂开了。后常用来形容在处理事情的时候，主要问题解决了，其他有关问题就能顺利地得到解决了。

成语的完整性是说成语是作为完整的意义单位来运用的，也就是说一个成语是一个完整的统一体。虽然成语是由词构成的词组，但是词和词之间不能孤立地分割开来，它们的联系是很紧密的。

许多成语的意义不能逐个词从字面上加以解释，如“入木三分”

这个成语本是形容书法的笔力强劲。相传，晋朝书法家王羲之写字很有笔力，有一次他把字写在木板上，木工用刀刻字时，发现字迹透入木板三分深，“入木三分”这个成语就是来源于此。

这个成语是作为一个完整的意义单位来使用的，不能将之拆分加以解释。“入木三分”后来形容有力的议论和深刻的描写，就是从它本来的一个完整的意义转用过来的。

成语的定型性是指成语的结构形式是固定的，字词的位置不能任意地变换，字眼也不能随便地改动。如“星罗棋布”，不能说成“棋布星罗”，虽然后者和前者的意思没有很大不同，但是相沿成习，习惯上说的是前者，不是后者。

又如“车水马龙”这个成语是从《后汉书·马后纪》“车如流水，马如游龙”紧缩而来的，“水”是对“车”加以喻说，“龙”是对“马”加以喻说，是说车马很多，来往不绝，形容繁华热闹的景象。这个成语不能说成“车龙马水”和“车马水龙”。如果说成前者，就错把“龙”来喻说“车”和错把“水”来喻说“马”了，如果说成后者，意思就不明晰了。

另外，成语的字眼一般也不能随便改动，如“相形见绌”，是指与同类事物相比较显出不足的意思，不能把其中的“绌”改动为“拙”。绌是不足、不够的意思；拙是笨、不灵巧的意思，因此不能将“绌”改为“拙”。

成语很丰富，具有强大的生命力和精练、形象、深刻的表现力。成语通常以简短的形式表现丰富的内容。一个成语一般浓缩为四个字，成语一共有五万多条，其中96%为四字格式。

四字格式的成语斩钉截铁，简明有力，如“实事求是”，四个字

就包含了从实际对象出发，科学地研究客观事物的规律，认识客观事物的本质的意思，一般也用来指如实反映情况，按照实际情况办事，不夸大，不缩小，正确处理。

通常，成语又是很形象的。一个成语往往用形容、比喻、描写的方法表现出事物的图景、形状、声貌和特征，构成具体可感的形象。

许多成语都含有一个生动的故事，发人深省，耐人寻味，使人受到教育，如“刻舟求剑”，这个成语含有一个生动完整的故事，这个故事见于《吕氏春秋·察今》。

故事说，有一个楚国人出门远行。他在乘船过江的时候，一不小心，把随身带着的剑落入江中的急流里去了。船上的人都大叫：“剑掉进水里了！”

这个楚国人马上用一把小刀在船舷上刻了个记号，然后回头对大家说："这里就是我的剑掉下去的地方。"

众人疑惑不解地望着那个刀刻的印记。有人催促他说："快下水去找剑呀！"楚国人说："慌什么，我有记号呢。"

船继续前行，又有人催促他说："再不下去找剑，这船越走越远了，当心找不回来了。"可是，楚国人依旧自信地说："不用急，不用急，记号在船上刻着呢。"

直至船行到岸边停下来后，这个楚国人才顺着他刻有记号的地方下水去找剑。可是，他无论怎么找，怎么努力也找不到。

这个故事很有启发性，它教育人们做事情要知通变，不能形而上学地孤立而静止地处理问题，不能拘泥固执。

成语的来源是多方面的，有很大一部分是从古代沿用下来的，有的源自寓言，有的源自诗文、戏曲、小说，有的源自轶闻遗事，有的源自神话、传说，还有的源自谚语。

来源于寓言的成语有很多，如“自相矛盾”源自《韩非子·难势》的一个寓言故事；“画蛇添足”源自《战国策·齐策二》的一个寓言故事；“叶公好龙”源自汉代刘向所著《新序·杂事》的一个寓言故事。

源自诗文、戏曲、小说的成语也有很多，如“尺短寸长”源自《楚辞·卜居》的“尺有所短，寸有所长”一句。“一叶知秋”源自《淮南子·说山》：“以小明大，见一落叶，而知岁之将暮。”“顺水推舟”源于元代康进之的《李逵负荆》：“你休得顺水推舟，偏不许我过河拆桥。”

源自轶闻遗事的成语，如“负荆请罪”源自《史记·廉颇蔺相如列传》所记的一个故事。“名落孙山”源于宋朝范公偁《过庭录》的一个轶闻遗事。

源自神话传说的成语，如“精卫填海”，源于《山海经·北山经》所载的一个神话故事。“与虎谋皮”这个成语是从“与狐谋皮”演化来的，而“与狐谋皮”源自《太平御览》的一个传说故事。

源自谚语的成语，如“辅车相依”和“唇亡齿寒”这两个成语源自《左传·僖公五年》所引的一个谚语。这个谚语是这样说的：“谚所谓辅车相依，唇亡齿寒者，其虞虢之谓也。”“铁树开花”这个成语源自明朝王济《君子堂日询手镜》所引的--个谚语。

成语一般为四字格式，但也有三字、五字、六字、七字等成语，如“五十步笑百步”、“闭门羹”、“莫须有”、“欲速则不达”、“醉翁之意不在酒”等。

人们口里常说的一些四字习用语有的也归入成语里来，如“咬文嚼字”、“拖泥带水”、“阳奉阴违”、“不三不四”、“心直口快”等等。另外，在成语中也有些是接受外来文化而出现的，如“天花乱坠”、“当头棒喝”、“不可思议”、“不二法门”等。

成语大都有一定的出处，如“狐假虎威”出于《战国策·楚策》；“鹬蚌相争”出于《燕策》；“画蛇添足”出于《齐策》；“刻舟求剑”出于《吕氏春秋·察今》；“自相矛盾”出于《韩非子·难势》。

成语历经千年的发展演变，已经成为汉语言中的一朵奇葩，其结构匀整、含义丰富、风格高雅，富有节奏感和表现力的特点为其他语言形式所不具备。

拓展阅读

由于成语以四字居多，因此有些人往往把四个字组成的普通词组也当作成语。凡是一个词组里的词可以抽换的，就应该当作普通词组，如“根本改变”这个词组，在某种场合，可以改成“彻底改变”、“基本改变”或者“大大改变”。再如，“密切合作”这个四字词组，可以改为“紧密合作”，词组改变了以后，并没有改变它所要表达的内容，也使人感到很适合，这样的词组就是普通词组。

而成语则是一个有机的整体，一般来讲，是不能用意思相同或者相近的词来替换成语中的词的，如“虎口余生”这个成语，就不能用“虎嘴余生”来替换，更不能改为“狼口余生”或“狮口余生”等等。

言简意赅的民间谚语

在很久以前，某地有“六十花甲子”的习俗，意思就是人如果活到六十岁还没死的话，就要被自己的子女送到野外的“活坟”里去住。

所谓“活坟”是一个用土砌成的地窨子，只留一个送饭的小口。孝顺的儿女还给送饭，老人还可苟延残喘，遇到不孝的儿女，老人只能被活活饿死，非常悲惨。

当地有个大臣是一个有名的孝子。他的父亲活到六十岁，按照习俗也被送进了“活坟”。他每次上朝回来，就亲自为父亲送茶送饭，顿顿不缺。他父亲带了一只小猫和几本古书

住在“活坟”里，每天看书养猫，倒也安然自在。

一天，这个大臣又给他父亲送饭。临走时，不觉悲由心生，用颤抖的声音对父亲说：“这是儿子最后一次给您送饭了，回去后就不知死活了。儿子死不要紧，父亲您如何是好呢？”

老父亲听了非常诧异，他急忙问儿子发生了什么事。那个大臣把朝廷上发生的一件奇事告诉了父亲。原来金殿上不知从哪里来了五个怪物，灰色的皮毛，小小的眼睛，尖尖的嘴巴，长长的尾巴。每天在金殿上乱咬乱闹，抓又抓不到，闹得无法上朝。皇帝叫大臣们想办法消除这一灾患，想不出办法就要杀头。

老父亲听后想了想说：“我儿不必忧虑，这不过是五只大老鼠罢了，你把这只猫带到金殿上去，就可以把它们除掉。”

大臣听后，十分高兴，他把猫带上了金殿。等五个灰色的东西正在上蹿下跳十分嚣张时，大臣立即把猫放出去了。猫儿两眼圆睁，

“咪呜”一声，然后猛扑过去。那五个东西吓得四散而逃，但很快都被这只猫咬死了。

皇帝见祸害已除，非常高兴，就问大臣是怎么想出的办法。大臣把情况如实地讲述了一遍。皇帝听后恍然大悟，老人经历多，见识广，有丰富的经验，是社会之宝啊。怎能如此虐待他们呢？于是下令取消“六十花甲子”的习俗，命令把老人一律接回家好好赡养。

后来，人们从这个故事中，总结出了“家有一老，犹如一宝；有了疑难，问问便晓”的经验教训。再后来，“家有一老，犹如一宝”成为固定的语句，在人们中间流传开来。

后来人们将像“家有一老，犹如一宝”这样在口头上广泛流传的具有深刻道理的简练语句称为谚语。

谚语历史悠久，源远流长。对谚语性质的界定，历来就有许多说法，诸如：《礼记·大学》曰：“谚，俗语也。”《左传·隐公十一年》曰："谚，俗言也。"《汉书·五行志》曰："谚，俗所传言也。"《文心雕龙·书记》中曰："谚，直言也。"

这些都是从广义上解释的，指出谚语是一种流传于民间并世代口耳相传的通俗而简练的语言形式。

谚语起源极早，早在远古时期谚语便已经产生，并闪烁着智慧的火花。清代学者杜文澜在《古谣谚·凡例》中说：

谣谚之兴，其始止发乎语言，未著于文字。

这句话说明最初的谚语是伴随着语言的产生而出现的，只是当时没有文字记录而已。即使是在文字出现以后，被录入典籍的谚语也不多。因为古代所谓文人雅士认为谚语多数出自民间，鄙俗难解，所以大多故意忽略。

随着春秋战国时期社会文化出现“百家争鸣”的繁荣局面，接近社会底层的士阶层才有了著书立说的机会，他们大量引用民谚民谣，少部分谚语才得以保存，如《左传·宫之奇谏假道》中记载有“辅车相依，唇亡齿寒”的谚语。

随着汉语言文化的不断发展，唐宋以后，特别是明清白话小说中的“俗话”、“俗谚”更是多姿多彩。这些谚语流传了千百年，至今仍然充满着生命力，特别是那些被吸收到书面语言里的各种谚语，后人一直沿用不绝。

谚语根植于口语，口语性较强。因为是口头流传的句子，所以谚语具有短小精悍、通俗易懂的特点，如“姜还是老的辣”、“羊毛出在羊身上”、“人怕出名猪怕壮”等。

南朝文学理论家刘勰在《文心雕龙·书记篇》说：“文辞鄙俚，莫过于谚。”意思就是说谚语的语句是很通俗的。

谚语口语性强，通俗易懂，而且一般都表达一个完整的意思，形式上差不多都是一两个短句。谚语反映的内容涉及社会生活的各个方面。从内容上来分，大体分为几种：

气象谚语。它是人们在长期的生产实践中，观察气象的经验总结，如：“朝霞不出门，晚霞行千里”；“久雨刮南风，天气将转晴”。

农业谚语。它是农民在生产实践中总结出来的农事经验，如：“清明前后，栽瓜种豆”；“枣芽发，种棉花”；“庄稼一枝花，全靠粪当家”等等。

生活常识谚语。它是人们对生活各方面常识的概括，如“饭后百步走，活到九十九”；“冬吃萝卜夏吃姜，不用医生开药方”；“良

药苦口利于病，忠言逆耳利于行”等。

事理谚语。它是人们为人行事的经验总结，如“种瓜得瓜，种豆得豆”；“人不可貌相，海水不可斗量”；“路遥知马力，日久见人心”等。

谚语在结构形式上是短小精悍、简明凝练的。常见的谚语一般是五、六、七个字，有一部分是八、九个字，十个字以上的很少。

五字谚语的节奏和五言诗句的节奏类似，即以两个音节为一个音步，一句有三个音步或两个音步。六字谚语的节奏一般也是以两个音

节为一个音步，即有三个音步。

七字谚语的节奏和七言诗句的节奏类似，是以两个音节为一个音步，一句有四个音步或三个音步。这样的节奏，声律和谐，音响铿锵，形式匀称均衡，念起来朗朗上口，也易于记忆。

有些谚语是复句的结构形式，一般是由两个分句组成，这两个分句的字数一般是对等的，很整齐均衡，即两个三言分句，或两个四言分句，或两个五言分句，或两个六言分句，或两个七言分句。

很多古代谚语都是从故事中提炼而来的，是人们经验和智慧的总结，如“得饶人处且饶人”，《增广贤文》和《吴下谚联》中都收有此句谚语。常见搭配是“遇饮酒时须饮酒，得饶人处且饶人”。宋代俞文豹的《常谈出处》记录了这样一个故事。

蔡州褒信县有个道士善于下围棋，开始他只在本县下棋，日久竟无敌手，于是离开本县向京城走去。走一城赢一城，走一县赢一县。走到京城，和当时的著名国手对弈，竟又赢了。逐年下来，下棋所赢的银子，使他成了富翁。

他的年纪也逐渐大了，深悔过去下棋过于认真，损伤了很多人的面子。因此，他写了首诗，最后两句是：“自出门来无敌手，得饶人处且饶人!”此后下棋便心存容让，有意给人家留点儿面子，不让别人输得太厉害，最后他也得了个“国手”的称号。

后人便用“得饶人处且饶人”，说明凡是能原谅别人时，就宽宏大量一些，别把事情做绝了。

还有一部分古代谚语来自于诗句，如“聪明反被聪明误”，这句谚语是讥讽那些费尽心思、不择手段地钻营取巧，结果事与愿违，反而害了自己的人。它来源于北宋文学家、词人、诗人苏轼的一首《洗儿》诗。诗云：

人皆养子望聪明，我被聪明误一生。

唯愿孩儿愚且鲁，无灾无难到公卿。

因为诗中有“我被聪明误一生”一句，后人便把它当作“聪明反被聪明误”的来源。

还有一些古谚语来自于历史典故、民间传说等，另外，还有相当一部分谚语源自于人们的生产、生活的经验总结。

随着时间的流逝，社会的发展，谚语的内容也不断更新，一些古老的、不合时宜的谚语逐渐淡出人们的生活，同时，又不断产生一些新的、符合时代要求的谚语，一些旧的谚语也不断被赋予新意。总体来看，谚语不断丰富，内涵逐渐厚重，艺术色彩也更加绚烂多彩。

拓展阅读

谚语带有地方的特点。广州方言有句谚语说：“奸奸狡狡，朝煲晚炒；忠忠直直，终须乞食。”这是对社会中一些不合理的现象的一种讽刺。其中的“朝”、“煲”、“乞食”都是广州方言词语。

不同地区因气候和耕作特点不同，一些农谚反映的经验也不同，如江苏常熟一带有“冬青花开，梅雨残”的农谚，是说冬青花开，梅雨就结束了。而浙江义乌一带却有农谚说“冬青花开，梅雨来”，是说冬青花开，梅雨就开始了。一个是说梅雨结束，一个是说梅雨开始，反映了两个地方不同的气候情况。又如苏北有“清明两旁泡稻种，端阳两边秧”的农谚，是说在清明的时候才浸稻种；广东却有农谚说：“清明秧，谷雨谷。”是说在清明的时候已有秧苗了，比苏北早了一个季节。

通俗而流行的定型俗语

南北朝时期，北周大将军元胄深得丞相杨坚的器重，两人相处得非常好。北周的赵王招预谋杀害杨坚，篡夺帝位。一次，他设宴请杨坚吃饭，吃饭期间不准侍从进入。

元胄料到赵王招心怀叵测，便强行跟随杨坚入内。酒过三巡，赵王招用佩刀刺瓜递给杨坚吃，想乘机刺杀杨坚。元胄看出其用心，便对杨坚说："相府有事，请丞相回府！"

赵王招气愤地斥责他说："我正在与丞相谈论朝政大事，你这是干什么！给我滚开！"

元胄瞪圆了眼睛，手扶着刀柄，一脸怒气。赵王招马上

换了一副面孔，满脸堆笑地对他说：“你不必多心，别在那里瞎猜疑，来来来，请入席饮酒……”

元胄没有听赵王招的话，手扶刀柄，站立不动。赵王招又想出一个办法，他装模作样地央求元胄说：“我嗓子干得厉害，请你去厨房给我弄些水来！”

元胄乘机对杨坚耳语：“赶快离开这里，赵王招要杀你！”

杨坚惊道：“不会吧，他没有兵马呀，怎么能反叛呢?”

元胄说：“他是先下手为强啊!”说罢扶着杨坚便走。赵王招从屋内追出，元胄用身子挡住门口让杨坚顺利地逃回了相府。

后来杨坚诛杀了赵王招，并建立隋朝，做了开国皇帝，称为隋文帝。元胄因护卫杨坚有功，被升为右卫大将军。

人们根据这个故事概括出了“先下手为强，后下手遭殃”这句俗语，久而久之，这句话在人们当中流传了开来，常用来比喻先下手可以取得优势，后动手常常吃亏。

像“先下手为强，后下手遭殃”这样具有口语性和通俗性，简练而形象化，并广泛流行的定型的语句被称为俗语，也叫常言、俗话等。

“俗语”一词，最早见于西汉司马迁《史记·滑稽列传》中褚少孙补写的《西门豹治邺》一文：

民人俗语曰：“即不为河伯娶妇，水来漂没，溺其人民”云。

大意是说：老百姓中间流传的俗语有“假如不给河伯娶媳妇，就会大水泛滥，把百姓都淹死”的说法。这里的“俗语”一词，就是指民间流传的说法。

后来，西汉经学家刘向的《说苑·贵德》和班固的《汉书·路温舒传》引述路温舒写给汉宣帝信中的话语，正式用“俗语”来指通俗、形象、广泛流行在人们当中的定型语句：

故俗语云：“画地作狱，议不可入；刻木为吏，期不可对。”此皆疾吏之风，悲痛之辞也。

俗语历史悠久，使用广泛，名目繁多，说法不一，有：里言、俚言、乡言、俗言、传言、常言、迩言、恒言；里谚、野谚、古谚、乡谚、俗谚；里语、俚语、民语、常语、古语、鄙语、俗话、古话、炼话、常谈、俗谈等。从这些繁杂的名称中可以看出，人们对于俗语的理解并不一致。

从广义来看，俗语包括谚语、歇后语、惯用语和口头上常用的成语，但不包括方言词、俗语词、书面语中的成语，或名著中的名言警句；从狭义来看，俗语是具有自己特点的语类之一，不同于谚语、歇后语，但一些俗语介乎几者之间。

俗语大多数是劳动人民创造出来的，反映人们的生活经验和愿望，因此，通常具有很强的通俗性。另外，俗语通常是人们对事理的总结和概括，因此，具有一定的哲理性和精炼性。

俗语字数不定，少则五六字，多则十几字，甚至有的有二十多字，言简意赅，概括性强。

俗语十分讲究修辞，常用修辞手法有比喻、比拟、借代、夸张、双关、对偶、顶真、映衬、层递等。其中比喻是俗语最常用的修辞手

法，这类俗语往往用人们非常熟悉的事物，如飞禽走兽、花草树木、农田作物、生活用品等，来说明抽象、陌生事物，使深奥的道理变得浅显易懂。

借助这些通俗、富有哲理而又精练的俗语，可以更好地、更形象地说明问题，表达感情，可以把晦涩难懂的问题阐释清楚明白，把感情抒发得更加淋漓尽致。如“人心不足蛇吞象”这句俗语形容人心不足，贪得无厌。

人们根据传说，改编了一则“蛇吞象”的故事：古代有个穷苦猎人叫阿象，他怜悯一条小蛇，精心把它饲养大。此后，阿象一再向青蛇索取，使自己变成了富翁。由于他贪得无厌，终于被青蛇一口吞掉了。这个故事就是“人心不足蛇吞象”俗语的提炼过程。

俗语的来源很广，既来自人们的口头创作，也和诗文名句、格言警语、历史典故等有关系。“清官难断家务事”是一句流传了几百年的俗语，明代作家冯梦龙在《古今小说·滕大尹鬼断家私》中，以及清代作家曹雪芹在《红楼梦》中都用“常言道”、“俗语说”引用过此语。

“清官难断家务事”这句俗语来源于一个故事。北宋年间，有一位叫赵秉公的县令。他勤政廉洁，断案公平，颇有声望，百姓称颂他为“清官”。

一次，赵秉公的一位同窗好友来访，对他说：“你断刑律命案很

有一套，对民事家务是否能断?”秉公说：“这有何难，不妨一试。”

同窗向他介绍说：“我乡有一张姓老汉，家有两个儿子，生活过得还算富裕。后来两个儿子都娶妻生子，成为多口之家。时间一长，因家务事儿两个儿子都想分家另过。开始张老汉不同意，可总闹别扭。后来老汉想通了，分就分吧。张家有宅院两处，田地二十亩，你来断断这家怎么分?”

赵秉公说：“这还不好分?二一添作五。两个儿子一人一处宅院，一人十亩田地。”

同窗又说道：“可是这样分不尽合理。因为大儿子下有三子，已经成人，二儿子下有一子，尚未成人。大儿子家人多，二儿子家人少，这样分岂不偏向二儿子?”

赵秉公听了后说：“是啊，不孝有三，无后为大，都是老汉的孙子，那就按儿子分宅院。按孙子人数分地，一人五亩，老大得十五亩，老二得五亩。”

然而，同窗又道：“这样仍不尽合理。地都分了，宅院也分了，老汉却没地方住了。要知道百善孝为先啊!老汉什么都没有，这不是不孝吗?”

“照此说来，国人一向讲究四世同堂，五世其昌，团团圆圆，干脆还是不分为好啊!”赵秉公答道。

同窗说：“刚才我问了三问，你断了三个结果，哪个算断得公正呢?这还没完。一年后，二儿子得病死了，二儿媳守着一个十几岁的孩子过活十分艰难，有了再嫁之意。可张老汉不同意，你说该不该嫁?”

“女子在家从父，出嫁从夫，夫亡从子。按‘三从’来说，不应改嫁。”赵秉公又答道。

“可是，前朝和当朝的公主，寡后尚可改嫁。为什么农妇就不可呢?这样断公正吗?”

赵秉公一时回答不上来了，这位同窗说：“都说你是个清官，可见清官也难断家务事啊!”

“清官难断家务事”这句俗语就是这么来的。人们常用这句俗语来比喻家庭纠纷，外人很难搞清楚，无从断言谁是谁非的家务事。

生活中，俗语的应用非常广泛，例如：白披一张人皮、半斤对八两、饱汉不知饿汉饥、说曹操曹操到、家和万事兴、县官不如现管、新官上任三把火、身正不怕影子斜等等都是人们耳熟能详的俗语。

拓展阅读

俗语和成语都是汉语中的约定俗成的语言形式，二者关系密切，既有联系又有区别。俗语注重形象，成语讲究精练。俗语多为完整的句子，长短不一，运用时可以变通；成语多为四个字的稳定结构，形式整齐。俗语流行于人们的口头上，文字上保持着通俗的特点；成语多用作书面语，文字上趋向典雅。

就外延来说，俗语和成语有交错的情况。俗语虽然以形象为主体，但也不排除精练；成语虽然以精练为特色，但也不排除形象。成语虽然绝大多数是四字结构，但也有一些是由四个以上的字组成的；俗语句式虽然长短不齐，但也有少量是由四个字组成的。俗语虽然多为口语，但已广泛进入文学作品；而随着人们教育水准的提高，成语在口语中也经常使用。这样，俗语和成语就可能互相渗透，存在着交错现象。俗语语句结构如果趋向整齐，就有可能转化为成语；成语如果增加形象化的成分，就有可能转化为俗语。

语言

汉语是汉族的语言，由汉朝而得名，但汉语的使用却远远早于汉朝，是中华民族的祖先所使用的语言的发展。可以说，汉语是世界上最古老的语言，是至今仍通用的、使用时间最长的语言之一。

汉语历经了几千年的发展演变，有着极其丰厚的历史和文化内涵，对古文明的记载和传承方面起着不可替代的作用。汉语的形和义，不仅积淀了悠久的文化传统，还凝聚着丰富的民族心理、民俗风情。汉语讲究严格的词序、句序，稍有颠倒，表意则变，然而方块之间却也自由灵动、意味无穷。汉语言简意赅，又有突出的逻辑性、隽永的含蓄性。

作为语言变体的方言

我国古代先民使用的汉语比较单纯。后来由于社会的发展，居民逐渐向四周扩展，或者集体向适于生存的地方迁移，形成相对独立的语言环境，或者和其他民族融合，汉语就逐渐地发生分化，产生了分

布在不同地域的语言变体。

这些语言变体是语言分化的结果，在语音、词汇、语法上各有其特点。后来这种语言变体被称为地方语言，简称为方言。

汉语方言有很多，归结起来有北方方言、吴方言、闽方言、湘方言、赣方言、粤方言和客家方言等。

宋元时期，由于各种原因，很多汉人来到华北、东北、西北、湖北、四川、重庆、云南、贵州、湖南北部等地区，他们长久居留在这些地区，有的甚至在这些地方永久居住下去，由于受当地语言的影响，久而久之，具有各地特色的北方方言开始形成。

北方方言流行于华北、东北及西北、湖北大部、四川、重庆、云南、贵州、湖南北部、安徽中北部、江苏中北部等地区。

北方方言流行地区十分广泛，遍及了全国大部分地区，而且使用人数也最多，在众多方言中有着突出的地位，由此被称为官话方言。

宋元时期官话方言在形成之后，在南北方分别发展，分化成了北

方官话和南方官话。北方官话分为华北官话、西北官话。南方官话分为西南官话、江淮官话。

华北官话主要分布在北方东部，通行于北京、河北、河南、山东、辽宁、吉林、黑龙江、内蒙古等地区，以北京话为代表。

西北官话主要分布在北方西部，通行于山西、陕西、甘肃等地以及青海、宁夏、内蒙古的一部分地区，以西安话为代表。

新疆汉族使用的语言也属西北官话。山西及其毗邻陕北部分地区、河南黄河以北地区保留古入声字，自成入声调，不同于一般西北官话，但也不同于华北官话，

西南官话主要分布在南方西部，通行于湖北大部分地区，云南、贵州、四川、重庆等汉族地区以及湖南、广西两地区北缘地带。西南官话地域辽阔，但内部比较一致，以成都话为代表。

江淮官话俗称下江官话，主要分布在南方东部，通行于安徽长江两岸地区，江苏长江以北大部分地区,长江南岸镇江、南京，以及江西沿江地带。

江淮官话是官话方言中内部分歧较大、语言现象较为复杂的一支。其中南通泰州一带的江淮官话和主流官话差异很大，有六至七个

音调。

周朝先祖周太王的长子名叫太伯，次子名叫仲雍。周太王的三子姬季历承袭王位后，太伯、仲雍二人带领自己的族人南迁到江苏一带，并在太湖流域建立了诸侯国吴国。

太伯及其族人的语言和当地土著的语言古越语渐渐融合，逐渐形成古吴语。秦汉时期，古吴语流传到东南地区，形成闽语。六朝初，诞生了吴语这一名称，指吴地的方言。西晋末，大批北方人南迁，吴语又受到了北方话的影响。

隋唐时，国家安定兴盛，吴语得到巩固、分化。宋代时，吴语不但得到进一步的发展，并已形成南北各片的基本状况。

明代，随着苏州的经济文化水平的提高，吴语的影响遽然加大。吴语口语大量出现在文献记载当中，冯梦龙的《山歌》十卷中，前九卷成篇使用吴语。当时的吴语词汇、语法已经基本固定。

明朝末年，吴语人口占全中国的20%，当时白话小说《豆棚闲话》真实记录了当时的吴语口语。

吴语通行在江苏南部、上海、浙江以及安徽南部、江西东部等地区。典型的吴语以苏州话为代表。其中安徽西南部受赣语影响，浙江南部保留了较多古代百越语言特征，以至不能与作为典型吴语的太湖片吴语通话。

吴语保留了中古汉语的模糊入声，也保留了较多古汉语用字用语。吴语具有八个声调：阴平、阴上、阴去、阴入、阳平、阳上、阳去、阳入。

秦汉时期，上古吴语分化出一支，流传到东南地区，称为闽语，也叫闽方言。闽语主要分布于福建、台湾、海南的大部分地区，以及广东、广西、浙江的部分地区。

闽语保存了许多上古汉语的特色，同时也有不少古闽越语的遗留，内部分化最显著。最先分闽北、闽南两种，后又分闽中、闽东、闽南、闽北、莆仙五种。

唐代时期，在洞庭湖以南，包括湘资二水流域，设湖南节度使，才出现了湖南这一称呼。宋朝时，置荆湖南路，简称湖南路。元明两代设湖南道。湖南渐渐成为一个人口密集的地区。与此同时，湘语也开始形成。

湘语也叫湘方言或湖南话，是生活在湘江流域及其支系一带湖湘民间使用的主要语言，临近湖南的重庆和广西部分地区也通行湘语。

湘语又可以分为老湘语和新湘语。老湘语主要分布在衡阳、湘乡一带，受外部方言影响较小。新湘语主要流行于长沙和湘北，受官话方言和赣方言的影响比较大。

西南官话形成过程中，受到湘方言极大影响，但同时，湘方言中的长益片湘语也受到了西南官话的较大影响，所以西南官话与湘语有一定的相似之处。

秦国统一六国之后，由于经济政治上的需求，秦始皇组织了一系列强制性的人口迁移。很多人被强迫到赣江一带生活。汉朝初年，汉高祖刘邦派颍侯灌婴修筑南昌城。两晋南北朝时，又有很多人南下移民到此，这里逐渐形成了一种新的汉语方言，即古赣语。

隋唐时期，随着外来文化的不断影响，赣语也增加了不少新的词汇，如新传入的中亚文化中的伊斯兰词汇、佛教文化的梵语词等。

到了五代十国时期，赣语的基本形态最终得以确定。此外，隋唐之后江西地区成为全国十道之一的“江南道”，社会经济得到快速发展，人口剧增，江西地区的人口向外迁移。赣语也随之“迁移”到了新地区。

赣语以南昌话为代表，又称老表话、江右语等，通用于江西大部、湖南东部、湖北东南部、安徽西南部和福建的西北部等地。

历史上江西时常与周边地区划分为同一行政区域，例如曾与湖广同为楚国、与浙江同为吴国、与福建同为百越、与广东同为“江西行省”，中原不断有移民徙居江西，因此赣语同周边汉语都有着或多或少的关系，其中与湘语的关系最为密切。

秦汉时期，汉语传播到岭南地区，与当地古越语相融合逐渐产生一种新的语言，称为“越语”，在古代“越”和“粤”是相互通用的，所以“越语”也叫“粤语”。明清以后，“越语”和“粤语”有了区别，前者多用于江浙吴语地区，后者多用于岭南地区。

在宋代，两广别称“两粤”，广东为“粤东”，广西为“粤西”。后来“粤”才逐渐收缩范围被用作广东地区的简称。

粤语通行于广东珠江三角洲地区、广东西部、广西中南部及东南部地区、海南西部地区、香港、澳门等地区，以广州、香港为中心。

秦朝时，一部分中原汉族人南迁到广东东部地区，以后不断有汉人来此定居，这些汉人被当地人称为客家人。

这些汉人的南迁也带来了他们当时所在地的语言，这些语言与当地的语言渐渐地融合，最终形成了一种新的语言。南宋时，这种新的语言形式初步定型。其语音在继承古汉语的基础上，发生了有规律的音变。

从宋代开始，广东梅州和汀州地区的语言引起当时人们的注意。明代《永乐大典》引宋代某氏《漫游集》《过汀州》诗一首：“地势西连广，方音北异闽。”说明了当时汀州地区语言与福建其他地区的语言不同。

20世纪初，这种语言形式被定名为客家语。客家语简称客语，在广东东部、北部、福建西部、江西南部、广西东南部等地通行客家语，其中福建、广东、江西三地区交界处，是客家语最为集中的区域，惯称客家大本营。

客家话是在北方移民南下影响中形成的，因而保留了一些中古中原话的特点。一般认为，客语和中古汉语之间的承袭关系较为明显。用客语朗诵中古汉语的作品，如唐诗、宋词，韵律方面比官话、普通话要吻合得多。

客家语按其口音的不同，主要分成三大类：岭北类、岭南类、槎语类。客家各方言地方特色很强，环绕梅县的有平远、大埔、蕉岭、兴宁、五华、丰顺等县，几乎每个县的客家语都各自有其特色，可以看成一种独立的方言。

在不同客语方言里，声调也有所不同。绝大多数的客语都具有入声，共有五至七个声调。在长汀城关话里，入声消失了；东江本地话等方言则保留了早期客语去声分阴阳的声调特点，而共有七个声调。

隋文帝杨坚定都长安，建立隋朝的前后期间，北方地区长期在北方游牧民族统治之下，汉族习俗文化发生了极大的变化，隋文帝一心想恢复汉族礼乐制度。为此，隋文帝做了很多恢复汉族文化的举措，其中包括命陆法言等编著《切韵》，审定比较经典、纯正的汉语。

唐代时，在《切韵》的基础上，制定《唐韵》作为唐朝标准音，规定官员和科举考试必须使用唐韵。

宋代又在《唐韵》的基础上，制定《广韵》。后来由于《广韵》和当时的语音差别很大，南宋时代的刘渊又编写了《平水韵》。

元代时，汉人礼乐风俗、语言文化发生了巨大变化。其语言以首都大都话为基础，制定《中原音韵》，作为标准音。这样，《广韵》的标准音地位丧失了。并且，北方的方言有朝着大都话靠拢的趋势。

进入明代，明太祖朱元璋误以为宋代的《广韵》是出于江浙一带，于是即位第八年，朱元璋命乐韶凤、宋濂参考典籍中的中原音韵和当时的南京话，编著《洪武正韵》作为官方韵书。

清政府建立后，虽然定满语为国语，但全国通行的实为汉语。满族人进入北京后学说北京官话汉语，又把自己的满语音韵和发音习惯、特色文化词汇带入自己的满式汉语，形成满汉语言成分融合的京腔旗人话。

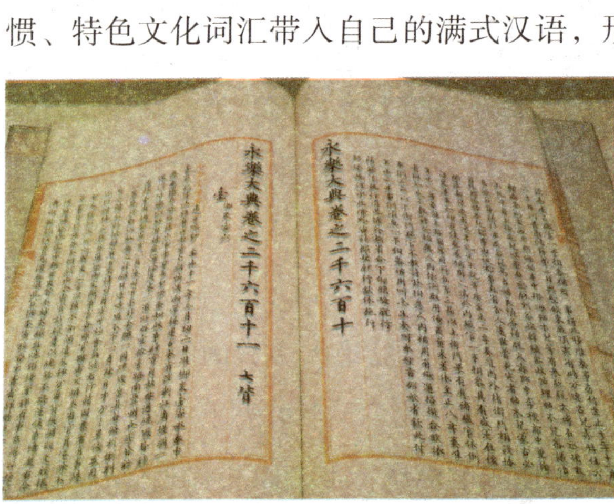

清中期，随着对汉臣的倚重，且为提高办公效率，清宫上朝一律改用北京话，满语仍是国语，但不再充当官话。1728年，雍正皇帝确定北京官话为

官方用语。到清中后期，北方的大多数地区都向以北京话为基础的新官话靠拢，北京话成为在全国范围内流通最广的语言。

1909年，清政府把官话称为国语。1911年，清朝学部通过《统一国语办法案》，以京音为准的官话为国语，取代原来满语的地位，并且加大力度推广。后来，以北京语音为标准音，以北方方言为基础方言，又以现代白话文著作为语法规范的语言形成了，这就是普通话。

普通话对方言的语音、词汇、语法都有一定影响，同时也从各方言中吸收营养，从而使其本身更丰富，更好地发挥交际工具的作用。

随着社会的发展，人们交往的频繁，方言的交际作用逐渐缩小，使用普通话进行交往的人越来越多，普通话的交际作用日益突显，逐渐成为人们交往的最主要的语言工具。

拓展阅读

在古代，我国没有统一的发音标准，汉语口语在各地发音有所变化，而且有些变化很大。有人认为汉语语族只有汉语一种语言，只是口语发音有所不同；有人认为汉语族包含闽语、粤语、客语、吴语、赣语、官话、湘语等七大语言。闽语内部也有很多分支，在语言学上都归属于闽语语群，其下的闽南语、闽东语、闽北语、闽中语和莆仙语则为单一语言。

前一个观点将闽语、粤语、客语、吴语、官话、晋语、赣语、湘语等列为汉语的方言；而后一种观点认为汉语是一簇互相关联的亲属语言。但即便按照后一种观点，汉语依然是一门语言，即既是由一簇亲属语言组成的语族，综合来看又是一门语言。

从文言文到白话文的演绎

春秋战国时期，记载文字用的是竹简、丝绸等物，但是用竹简和丝绸记载文字有很大的弊端，竹简过于笨重，而且记录的字数有限。用丝绸记录，价格又过于昂贵。为了能在“一卷”竹简上记下更多事

情，或节省下一块丝绸，书写时常将不重要的字删掉。久而久之，这种习惯固定了下来。

这种书写习惯的特征是以文字为基础来写作的，主要注重典故、骈骊对仗、音律工整且不使用标点。在历朝历代来往的公文中，这种习惯一直延续不断。

唐朝时，汉语中的口语有了较大的变化，书面上的语言分为两种：一种书面语是模仿上古汉语书面文献的书面语，比如六朝作家和唐宋八大家的散文，称为“文言”；另一种是在当时口语的基础上所形成的书面语，称为“古白话”。

唐代文学家韩愈提倡散文，反对骈体。骈体起源于汉魏，成熟于南北朝，讲究对仗和声律，四字六字相间，称“四六文”。韩愈反对这种注重形式、束缚思想的文体，提倡接近口语、表意自由的文言散文，使文体恢复到未受骈体束缚以前的时代。

唐代时，寺庙宣传佛教，用讲故事的方法吸引群众。通常情形是讲故事的人一边展示图画，一边说唱故事。图画称为“变相”，说唱底本称为“变文”。有散文韵文相间的，有全部散文的。这是早期的古白话写就的。

宋代的“语录”也是一种早期的白话文学。起初，禅宗佛徒辑录师傅言谈，用口语体。后来，宋代理学家程颢、程颐的门人，也用口语体记录老师的言论。“语录体”是一种古白话文。

宋元间的说书人讲说故事的底本称为“话本”。“话”是故事，“本”是底本，分为小说和讲史两类。前者多为白话短篇，后者是浅近文言的长篇。

唐宋时期，文言与古白话有了一定的差别，而与口语差别就更大了，文言只作为书面上的语言来使用，与普通百姓的距离越来越远。

在古代，要表述同一件事，用“口头语言”、“书面语言”来表述，最终的效果也是不同的，比如，想问某人是否吃饭了，用口头语言表述，是“吃饭了吗？”而用书面语言进行表述，却是“饭否？”“饭否”就是文言文，这里，“饭”名词作动词用，意思为吃饭。

人们把用文言写成的文章，称为文言文，先秦诸子、两汉辞赋、史传散文、唐宋古文、明清八股等都属于文言文的范围。

“文言文”中，第一个“文”字，是美好的意思。“言”字，是写、表述、记载的意思。最后一个“文”字，是作品、文章等的意思，表示的是文种。

与“文言文”相对的是“白话文”。“白话文”的意思是“用常用的直白的口头语言写成的文章”。

进入元、明、清时期，文言

和古白话并行存在，既有模仿上古的书面语，如桐城派的散文；又有在当时口语的基础上形成的古白话，比如章回小说《水浒传》、《西游记》、《红楼梦》等。古白话虽然在民间得到广泛传播。但是，文学的主流和正宗还是文言文。

清朝晚期，开始有意识地提倡白话，兴起了被称为“新文体”的“通俗文言文”，学者黄遵宪引俗话入诗，反对崇古，他在1868年写的新诗，是文体解放的开路先锋：

我手写我口，古岂能拘牵？即今流俗语，我若登简编，五千年后人，惊为古烂斑！

光绪时的举人裘廷梁在《论白话为维新之本》文章中提出“崇白话、废文言”。他说：白话有“八益”，其中“省日力、免枉读、便幼学、炼心力、便贫民”等项是先进思想。

1898年，裘廷梁创办《无锡白话报》，极力提倡白话文，进行文体改革，同年他在《苏报》上发表著名论文《论白话为维新之本》。

在这之后，革新思潮澎湃，学界掀起反对旧文学、提倡新文学的运动高潮。旧文学不是指旧时期的文学，而是指旧性质的文学，它的特点是文体是文言的，内容是陈腐的，思想是封建的。

新文学不是指新时期的文学，而是指新性质的文学、它的特点是文体是白话的，内容是新颖的，思想是革命的。

在“反对文言文，提倡白话文”的口号下，文言文最终为白话文所取代。从此，白话文不只用于通俗文学作品，还在全社会上普遍应用起来。

白话文浅显通俗，语言生动、泼辣、粗犷，生活气息浓厚，富有表现力。白话文与大众口语有紧密关系，白话文“大众化”，就是将白话说得大多数人都能懂的程度。

白话文主要有四种，分别是：官话白话文，又叫京白；吴语白话文，又叫苏白；粤语白话文，又叫广白；韵白，也叫中州韵白话文。在明代，韵白是明政府定的官话。除了这四种，还有很多白话，统称为“土白”。生活中所常说的白话文，指的是官话白话文。

文言文形式规范，并且用词用字较为统一。而由于方言的差异，白话文在各地差别较大，因此交流呈现出地域差异的特性。

白话文是发展的需要，它简练，通俗易懂，对传播新思想，繁荣文学创作，推广普通教育，起了非常重要的作用。

拓展阅读

在汉语历史上，各个不同时期，都有所谓的“白话”。白话是相较于文言而言的，没有文言，也就无所谓白话。最早的文言，跟当时的白话基本一致。甲骨文、金文、《尚书》就是当时的口头语，被记录下来，即白话。但在后人看来，它们同时又是“文言”的始祖。

白话里有大量的词以及很多说法，是文言里不用的。与文言有牵连的人大多是上层的，与白话有牵连的人大多是下层的。在过去人的眼里，文言和白话有雅俗之分，居于社会上层的人用雅的，即用文言，而居于社会下层的人则用俗的，即白话。文言和白话并存，且相互影响，可是影响力的大小不同，文言影响大，白话影响小。另外，文言大致是超方言的；白话则不然，虽然大多用所谓官话，却常常不能离开方言。

文体

文体指文章、文学作品的体裁，通常包括诗歌、散文、小说和戏剧。在这四种文体中，诗歌出现最早，它源于原始人的劳动呼声即号子，是一种有声韵、有歌咏的文学。散文内容广泛，表达含蓄，意味深长。

小说主要通过描写完整的故事情节和具体环境，塑造多种多样的人物形象。戏剧属于综合性舞台艺术，借助文学、音乐、舞蹈等艺术手段塑造舞台艺术形象，揭示社会矛盾，反映社会生活。

除了这四大文体，我国传统文体还包括寓言、童话、应用文、对联等，它们也是非常重要的文体，我国丰富多彩的传统文化正是通过这些多姿多彩的文体展现出来的。

中华文化明珠的诗歌

远古时期，生产力极其低下，为了生存，人们要集体生活，集体劳动，利用集体的智慧来应付恶劣的自然环境。

人们在劳动的过程中，如搬运重物，或捕猎大型凶猛的动物时，都会自然而然地从口里发出各种高低长短不同的呼声即号子，一唱一和，同动作的节奏配合以减轻疲劳。如《淮南子·造应训》中说：

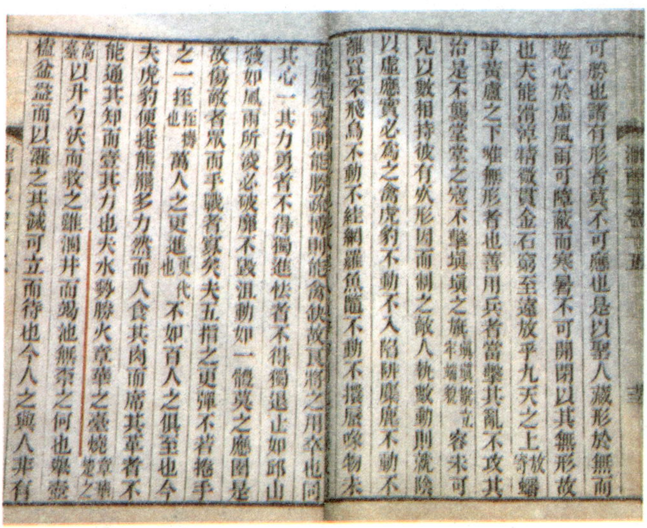
可勝也諸有形者莫不可應也是以聖人藏形於無而
遊心於虛風雨可障蔽而寒暑不可開閉以其無形故
也夫能滑淖精微貫金石窮至遠放乎九天之上放寄蟠
乎黃盧之下唯無形者也善用兵者當擊其亂不攻其
治是不襲堂堂之寇不擊填填之旗填填旗立牢端貌容未可
見以數相持彼有欲形因而制之敵人執數動則流陰
以虛應實必爲之禽虎豹不動不入陷阱麋鹿不動不
離罝罘飛鳥不動不絓網羅魚鼈不動不擐屑喙物未
[illegible]則能勝疏搏則能禽缺故良將之用卒也同
其心一其力勇者不得獨進怯者不得獨退止如邱山
發如風雨所凌必破靡不毀沮動如一體莫之應圉是
故傷敵者衆而手戰者寡矣夫五指之更彈不若捲手
之一挃挃擣也萬人之更進更代也不如百人之俱至也今
夫虎豹便捷熊羆多力然而人食其肉而席其革者不
能通其知而壹其力也夫水勢勝火章華之臺燒章華楚之
高臺以升勺沃而救之雖涸井而竭池無柰之何也舉壺
榼盆盎而以灌之其滅可立而待也今人之與人非有

今夫举大木者，前呼“邪许”，后亦应之，此举重劝力之歌也。

另外，在集体生活、集体劳动中，人们还需要相互配合和发表意见，这样就刺激了声音的发展，逐渐可以发出较为复杂的声音了。随着人们语言能力的进一步发展，在这些呼声中添上有意义的语词便形成正式的歌谣了。

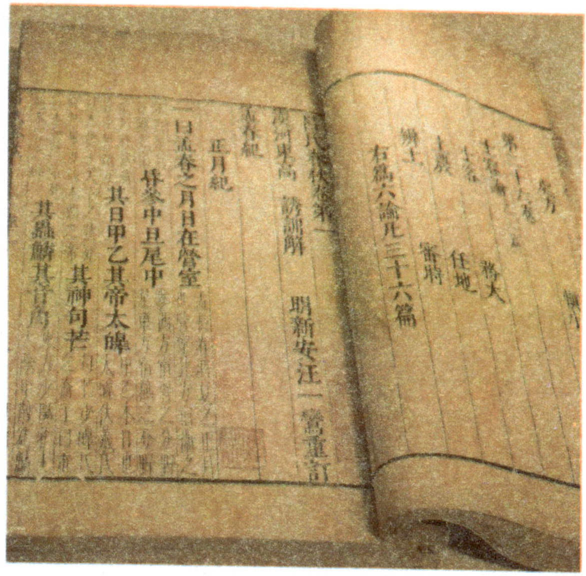

原始先民的歌谣源于劳动的韵律，因此，最初歌谣的形态常与原始的音乐、舞蹈结合为一体，其内容大都是生产或狩猎行为的重演仿真，或者是劳动过程的回忆。《吕氏春秋·古乐篇》说：

昔葛天氏之乐，三人操牛尾，投足以歌八阕。

葛天氏的乐歌是一面歌唱，一面挥舞着用牛尾做成的道具跳舞。而在《尚书·尧典》中也说：

予击石拊石，百兽率舞。

它描写了人们将石器之类的工具作为乐器，有节奏地敲打，然后模仿各种野兽的姿态跳舞。通过这两则记述，可以看出最早的歌谣是集歌、舞、乐三位一体的，这也就是最原始的诗歌。

伊耆氏的《蜡辞》是一首古老的农事祭歌，也是远古时期的歌谣。作品原文是这样的：

土反其宅，水归其壑，昆虫毋作，草木归其泽！

大意是：风沙不要作恶，泥土返回它的原处。河水不要泛滥，回到它的沟壑。昆虫不要繁殖成灾。野草丛木回到沼泽中去，不要生长在农田里。

另外，早期的诗歌还有古代哲学著作《周易》中的卦爻辞，这也是我国诗歌的早期形式。不过这一时期的诗歌太过于零散，我国诗歌主要还是起源于先秦时期的《诗经》、《楚辞》和汉代的《乐府》等。

《诗经》是我国最早的一部民歌词集，它汇集了从西周时期至春秋中叶500多年间流行于我国广大北方黄河流域的民歌，其鲜明的特点是运用现实主义的艺术手法，真实地反映了当时的社会生活等方面的内容。

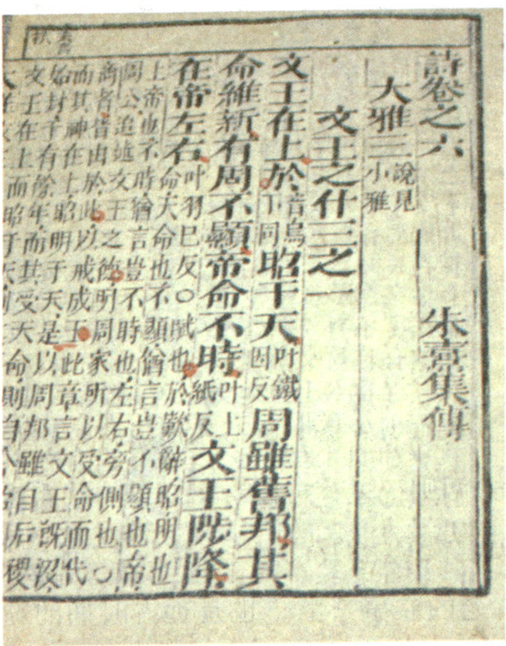

《诗经》总共305篇，最初称《诗》，因为后来汉代儒家学者把它奉为经典，于是把它叫作《诗经》。

《诗经》中诗歌都是可以入乐歌唱，它所收集诗章就是根据音乐的不同而分作《风》、《雅》、《颂》三部分的。

“风”是带有地方色彩的音乐，“风”诗是从周南、召

南、邶、鄘、卫、王、郑、齐、魏、唐、秦、陈、桧、曹、豳等15个地区采集上来的土风歌谣，即《国风》，共有160篇。大部分是民歌。

“雅” 是周王朝直辖地区的音乐，称之为正声雅乐。按音乐的不同又分为《大雅》31篇，《小雅》74篇，共105篇。除《小雅》中有少量民歌外，大部分是贵族文人的作品。

“颂”是宗庙祭祀的舞曲歌词，内容多是歌颂祖先的功业的。“颂”诗又分为《周颂》31篇，《鲁颂》4篇，《商颂》5篇，共40篇。全部是贵族文人的作品。

《诗经》里大量运用了赋、比、兴的表现手法，加强了作品的形象性，这使诗歌获得了良好的艺术效果。赋是指平铺直叙，铺陈、排比；比是指类比，比喻；兴是指托物起兴，先言他物，然后借以联想，引出诗人所要表达的事物、思想、感情。

《诗经》中赋、比、兴表现手法的运用，对于后代的诗歌发展有

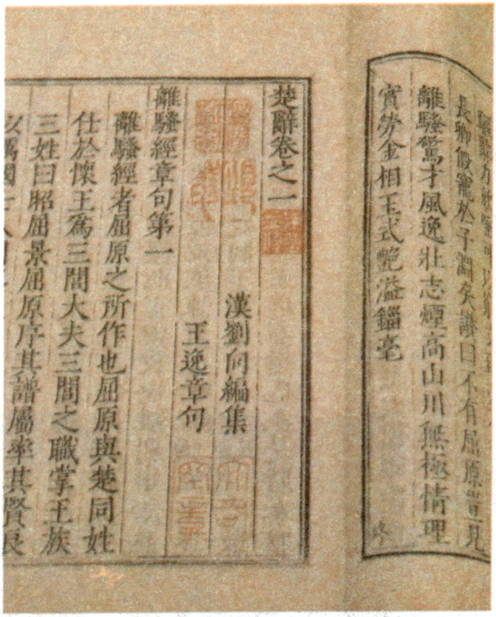

楚辭卷之一
漢劉向編集
王逸章句
離騷經章句第一
離騷經者屈原之所作也屈原與楚同姓
仕於懷王爲三閭大夫三閭之職掌王族
三姓曰昭屈景屈原序其譜屬率其賢良

離騷驚才風逸壯志煙高山川無極情理
實勞金相玉式艷溢錙毫

着极大的启发，也是后代诗歌在形式上的鲜明的借鉴，对整个诗歌发展史起着不可估量的作用。

战国后期，以屈原为首的楚国诗人创作了一种新的诗体，这就是楚辞。楚辞“书楚语，作楚声，纪楚地，名楚物”，具有十分浓厚的地方色彩。

《楚辞》是我国的第一部浪漫主义诗歌总集，是我国浪漫主义文学的源头。它借由对神话和传说的描写，表达丰富的思想情感。它把《诗经》的四言体民歌发展成了一种句式自由、韵脚多变的“骚”体歌。在节奏和韵律上独具特色，更能呈现精彩细腻的艺术技巧。

屈原的《楚辞》体大量运用铺陈华美、生动瑰丽的辞藻，借助赋比兴手法，赋予草木、鱼虫、鸟兽、云霓等自然事物以人的意志和生命，用以寄托自身的思想感情，增加了诗歌优美的本质。

在我国古代文学种类中，讲究文采、注意华美的流派，可以溯源到屈原。其句式可长可短、篇幅宏大、内涵丰富复杂的诗歌形式对后来歌行体诗歌产生了深远影响。

继《诗经》、《楚辞》之后产生了一种新诗体，由于它是被称为乐府的专门机构收集编辑，可以配乐歌唱的诗歌，因此称之为乐府。

汉代乐府诗歌是汉代诗歌的代表，它是在《诗经》、《楚辞》和秦汉民歌的基础上发展起来的，大致经历了从民间歌谣到文人创作，从乐府诗歌到文人徒诗即“古诗”，从四言体到五言体，从骚体到七言体，从叙事诗到抒情诗的发展过程。

汉乐府在诗歌史上有极高的地位，与诗经、楚辞可鼎足而三，另一方面它在我国诗歌史上，起着承前启后的作用。它既继承、发扬了《诗经》的现实主义传统，也继承、发扬了《楚辞》的浪漫主义精神。汉代诗歌中，最有思想、艺术价值的，一是乐府民歌民谣，一是文人五言诗。

至唐代，诗歌发展达到最高峰，也是诗歌体裁形成和完善的时期。唐代诗歌不仅数量超出以前各代诗歌总和的两三倍以上，而且质量极高，题材也极为丰富，诗体大备，名家辈出。

这种繁荣的局面是唐代诗人继承和发扬《诗经》《楚辞》以来的优良传统，广泛总结前人的创作经验，百花齐放、推陈出新的结果。它显示出我国古典诗歌已发展到完全成熟的阶段。

唐诗基本形式有6种：五言古体诗、七言古体诗、五言绝句、七言绝句、五言律诗、七言律诗。以律诗、绝句为代表的“近体诗”和以歌行体为代表的“古体诗”可以作为唐诗的代表。

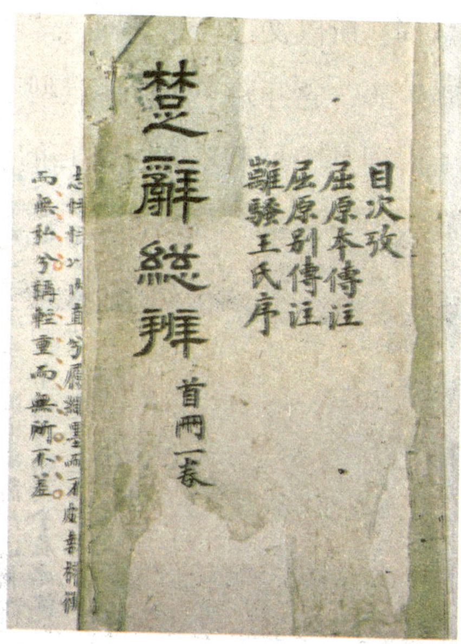

近体诗格律非常严格，篇有定句，句有定字，韵有定位，字有定声，联有定对。例如起源于南北朝时期，成熟于唐代初期的律诗，每首四联八句，每句字数必须相同，可以用四韵或者五韵，中间两联必须对仗，

二、四、六、八句必须押韵，首句可押可不押，可见要求是非常严格的。

杜甫是律诗创作成就最高的诗人之一。他在律诗形式方面的成就，对我国诗歌艺术作出了巨大贡献。在杜甫以前，七律多用于宫廷应制唱和，这类诗内容贫乏，其语言也平缓无力，而在这以外，佳作也为数不多。而杜甫的诗，不但在声律上把七律推向了成熟，更重要的是杜甫充分发展了这一诗歌形式所蕴涵的丰富内容。由此，杜甫被誉为“诗圣”。

唐诗的另一重要形式是歌行体，在唐代众多诗人中，李白是歌行体诗的集大成者。李白的性格决定了他诗歌的形式特点，当他的澎湃诗情无法被寻常形象所容纳时，他就展开天马行空式的想象和幻想，来实现艺术的变形。这种变形依据是诗人感情的强度，它使形象突破常规而染上了奇幻的色彩。因此，李白被誉为“诗仙”。

至宋代，诗歌艺术发展成了一种词的形式。宋词本是一种合乐的歌词，所以又称“曲子词”、“乐府”、“乐章”、“长短句”、“诗余”、“琴趣”等，它开始于唐代，定型于五代时期，全盛于宋代。

词是一种音乐文学，它的产生、发展，以及创作、流传都与音乐

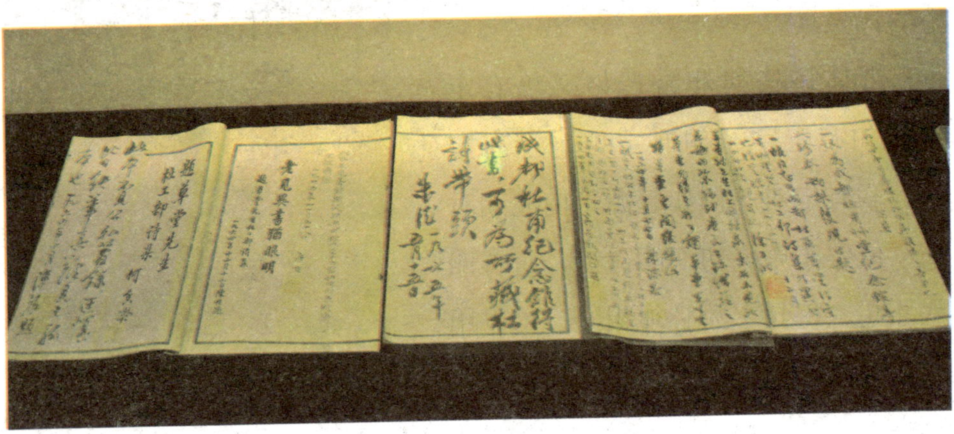

有直接关系。宋词源于唐代的曲子词，句子有长有短，和乐曲紧密结合在一起，可以歌唱。宋词每首词都有一个调名，叫作“词牌名”，依调填词叫“依声”。

宋词大致可以分为婉约派、豪放派。婉约派主要内容侧重儿女风情，其结构深细缜密，重视音律谐婉，语言圆润，清新绮丽，具有一种柔婉之美。

豪放派创作视野较为广阔，气象恢弘雄放，喜用诗文的手法、句法写词，语词宏博，用事较多，不拘守音律。豪放词派广泛地影响了词的发展，从宋、金直到清代，历来都有标举豪放旗帜，大力学习苏轼和辛弃疾的词人。

至元代，宋词发展形成了另一种文学体裁，也就是元曲。元曲包括杂剧和散曲，而一般指的元曲则是散曲。散曲是没有宾白的曲子形式，内容以抒情为主，有小令和散套两种。散曲有严密的格律定式，每一曲牌的句式、字数、平仄等都有固定的格式要求。

元散曲虽有定格，但并不死板，它允许在定格中加衬字，部分曲牌还可增句，押韵上允许平仄通押，与律诗绝句和宋词相比，有较大的灵活性。它继承了诗词的清丽婉转，同时放射出极为夺目的战斗光彩，比历代诗词显得泼辣而大胆，具有恒久的艺术魅力。

明清时期诗歌逐渐衰落，小说取代了诗歌成为主流文学，但是，明清时期诗人也有很多，其中比较有名的诗人是明代的于谦和清代的纳兰性德、龚自珍等人。

诗歌发展至近现代，便形成了现代诗。现代诗也叫“白话诗”，是诗歌的一种体裁，它与古代诗歌相对而言，一般不拘泥格式和韵律。现代诗最早可以追溯至清代末期，在当时，一些从西方引进的诗作开始用白话进行翻译，但是这些作品量不是很大，所以影响不大。

现代诗形式自由，内涵丰富，意象经营重于修辞运用，与古诗相比，虽都为有感而作，都是心灵的呈现，但其完全突破了古诗“温柔敦厚，哀而不怨”的特点，更加强调自由开放和直率陈述，在“可感与不可感之间”获得美的享受。

拓展阅读

采诗是早期搜集诗歌的主要方式。采诗之制早在先秦时期就已经存在。周王朝及各诸侯国都设置采诗官进行采诗工作。《诗经》中的《小雅》、《国风》中的许多诗歌便是依靠乐官到各地“采诗”汇集在一起的。

汉武帝时，音乐机构的规模和职能都大大扩大了，是汉武帝整顿改革礼乐的一项重要举措，目的是改革传统的郊庙音乐歌曲，用新声改编雅乐。当时乐府的具体职能，一是采集和编写歌辞，二是谱写乐曲，三是训练乐工，四是演奏乐歌。在这些职能中，最引人注目的一项职能就是“采诗”，也就是由乐府机构派专人去各地搜集民歌俗曲，配乐歌唱，供统治者考察政治得失。

追求内在神韵的散文

殷商的时候，社会生产能力还十分落后，对世界的认识还处于萌芽阶段，风、雨、雷、电这些自然现象通常令人们畏惧，人们认为风雨雷电是天上的神仙在大发脾气。为了事先能知道天上的神仙的旨意，他们学会了占卜。

在占卜之前，殷人先把龟甲和牛肩胛骨锯削整齐，然后在甲骨的背面钻出圆形的深窝和浅槽，占卜时，先把要问的事情祷告并述说清楚，接着用燃烧着的木枝，对深窝或槽侧烧灼，烧灼到一定程度，在甲骨的相应部位便显示出裂纹来。

甲骨卜辞长短不一，短的只有几个字，长的可有百余字，记事简略，真实朴素，但叙述完整周到，能够表达出一个完整的意思。

商周时期帝王、贵族将文字镂刻在青铜器上，内容多是记述奴隶主贵族的祭典训诰、征伐功绩、赏赐策命、盟誓契约等，这就是铜器铭文。由于镂刻在青铜器上，因此，铜器铭文也称金文、钟鼎文。

铜器铭文要比甲骨卜辞记载的事情繁杂，但字句简短，早期一般仅用一至五六个字记载制作者之名、所纪念的先人庙号等。商代晚期出现了较长的铭文，但最长的铭文也只是四五十字，内容多数是因接受赏赐而作纪念以示荣宠的记录。

进入周代，铜器铭文有了进一步发展，达到了鼎盛时期。周代铭文在殷商铭文的基础上，篇幅逐渐加长，两三百字的铭文颇为多见。

周代铭文具有一定的文学价值，能够用比较完整的语言叙述内容，许多铭文善用韵语，且喜欢用整齐的四字句，有些铭文还具有比较浓厚的文学气息。

铜器铭文的风格多庄重典雅、朴素简约，多为散体，少有韵文。人们把这些朴素简约与韵文相对的论说文和记叙文称为“散文”。

先秦散文大致可分为两种，分别是历史散文和诸子散文。历史散文以记述历史事件的演化过程为主，讲求史料价值，包括《尚书》、《春秋》、《左传》、《国语》、《战国策》等历史著作。这类散文也叫记叙散文或叙事散文。

《尚书》即“上古之书”，是我国最早的历史散文，又称《书》、《书经》，为一部多体裁文献汇编。它保存了商周特别是西周初期的一些重要史料。《尚书》真正标志着中国古代散文已经形成。

《春秋》是我国现存的最早的一部编年体史书，记载了从公元前722年到公元前481年鲁国224年的历史。

《春秋》记事严谨，语言精练，具有很高的文学价值和艺术魅力。其用词遣句“字字针砭”的特点成为后来一种独特的散文文风，

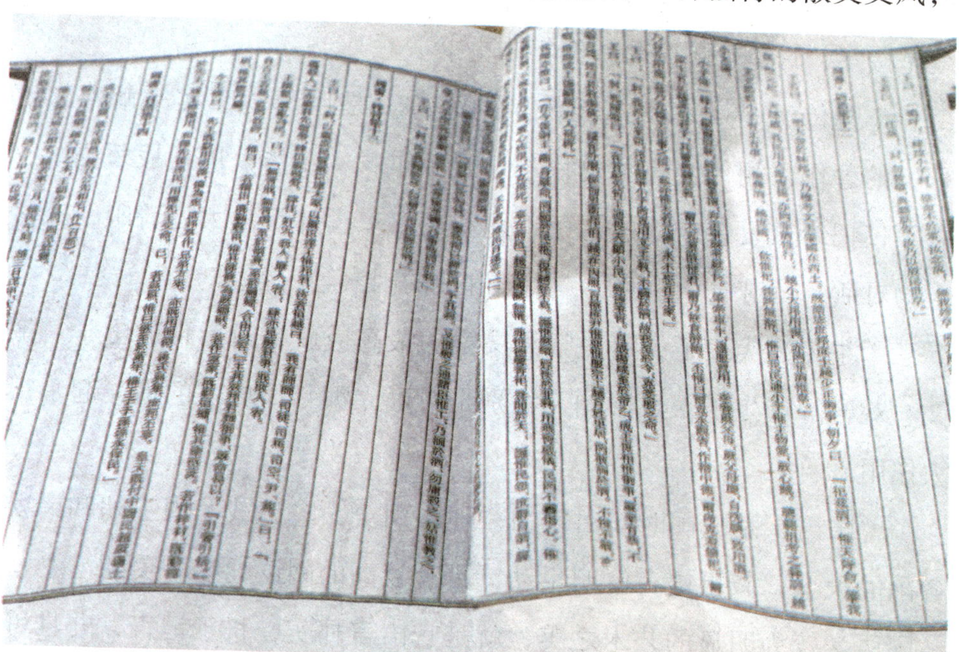

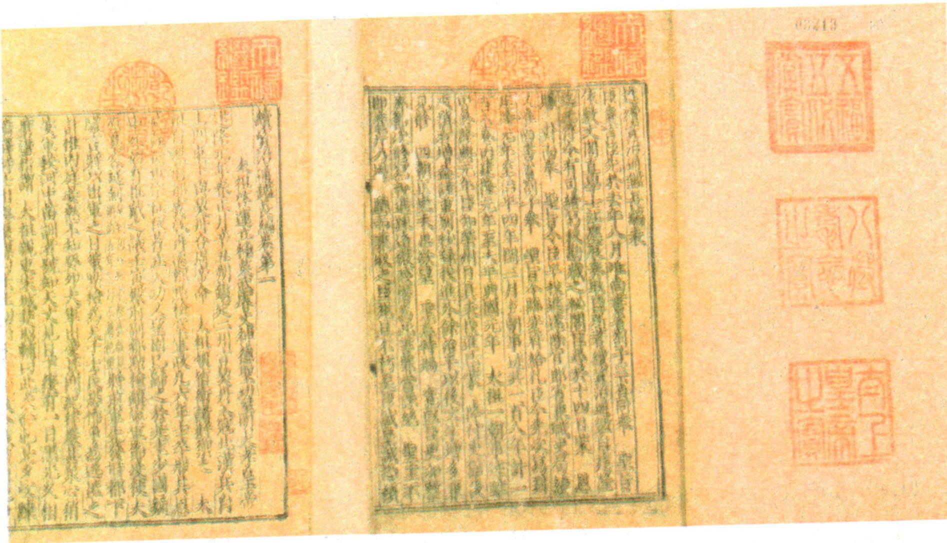

被后人称为“春秋笔法”。它的最大特点就是每用一个字，都入木三分，有褒贬含义，用字用言，字字珠玑。

《春秋》有明确的时间顺序的特点，这对后世编年体史书的发展产生了很大的影响，北宋时由司马光主编的历史巨著《资治通鉴》，就是按年、月、日顺序写的编年体史书。

《左传》是《春秋左氏传》的简称，是用历史事实来解释《春秋》的著作，相传为鲁国史官左丘明所作。《左传》擅长战争描写，它不仅把纷繁复杂的战争有条理地叙述出来，并且从大处着眼，通过人物对话，写出战争的性质，决定胜败的因素等内容。

《左传》代表了先秦史学和文学的最高成就，对后世的史学、散文、戏剧等产生了很大影响，特别是对确立编年体史书的地位起了很大作用。

《国语》是战国时代出现的一种国别史，它记载了周王朝和诸侯各国的大事，叙事语言鲜明生动，具有较高的阅读趣味和美的享受。《国语》较为明显的艺术之美，就是它语言朴实，长于记言，并且可以用一些虚构的故事情节，来衬托它的艺术魅力。因此，从散文学的发展角度来看，《国语》的作用是举足轻重的。

《国语》开创了以国分类的国别史体例，对后世产生了很大影响，西晋文学家陈寿的《三国志》、北魏史官崔鸿的《十六国春秋》、清代文学家吴任臣的《十国春秋》，都是《国语》体例的发展。另外，其缜密、生动、精练、真切的笔法，对后世进行文学创作亦有很好的借鉴意义。

《战国策》也是一部国别体史书，相传是西汉末年人刘向在前人的基础上汇编而成的。《战国策》主要记述了战国时期的纵横家的政治主张和策略，展示了战国时代的历史特点和社会风貌。

从文学的角度看，《战国策》是一部优秀的散文集，它文辞优美，语言生动，论事透辟，写人传神，还善于运用寓言故事和新奇的比喻来说明抽象的道理，具有浓厚的艺术魅力和文学趣味，对我国两汉以来史传文政论文的发展产生了积极的影响。

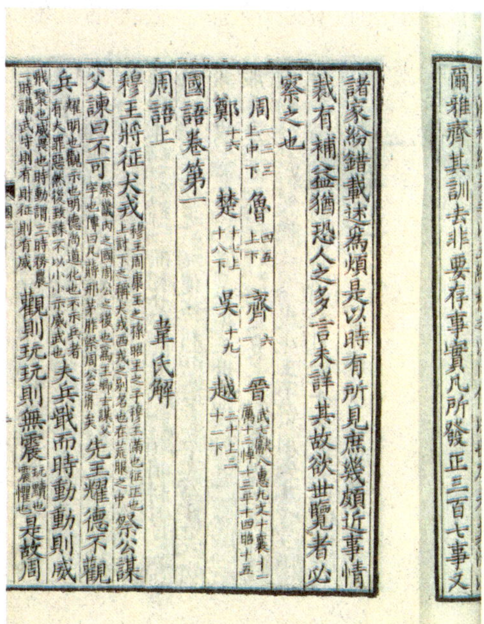
爾雅齊其訓去非要存事實凡所發正三百七事又

諸家紛錯載述爲煩是以時有所見庶幾頗近事情
裁有補益猶恐人之多言未詳其故欲世覽者必
察之也
周 上中下一二三 魯 上下四五 齊 六 晉 武七獻八惠九文十襄十一厲十二悼十三平十四昭十五
鄭 十六 楚 十七上十八下 吳 十九 越 二十上二十一下
國語卷第一
周語上 韋氏解
穆王將征犬戎 穆王周康王之孫昭王之子穆王滿也征正也上討下之稱犬戎西戎之别名也在荒服之中 祭公謀
父諫曰不可 祭畿內之國周公之後也爲王卿士謀父字也傳曰凡蔣邢茅胙祭周公之胤也 先王耀德不觀
兵 耀明也觀示也明德尚道化也不示兵者有大罪惡然後致誅不以小小示威武也 夫兵戢而時動動則威
戢聚也威畏也時動謂三時務農一時講武守則有財征則有威 觀則玩玩則無震 玩黷也震懼也 是故周

诸子散文是儒、墨、道、法等学派的文章，比如《论语》、《孟子》、《荀子》、《墨子》、《老子》等。诸子散文是以议论说理为主的，因此称为说理散文，也叫论说文。

论说文是直接说明事理、阐发见解、宣示主张的文章。它的中心在于“事理”“见解”“主张”，它的表达方式主要是议论，这些都和记叙文相区别。

先秦时的论说文主要有两种形式：一是语录体，如《论语》、《孟子》；一是论文集，如《老子》、《墨子》、《庄子》、《荀子》等。其中《墨子》一书在论说文的发展史上占有重要的地位。从《墨子》开始，论说文开始有尾，结构、层次都很讲究，论证的方法也比较严密。此外《庄子》一书长于用寓言说明深刻的哲理；《荀子》谨严简洁，善于立论，这些对后世的论说文都有很大的影响。

《论语》以语录体和对话文体为主，叙事体为辅，记录了儒家创始人孔子及其弟子的言行，集中体现了孔子的政治主张、伦理思想、道德观念及教育原则等。

《孟子》由《论语》的语录体发展而来，详细地记录了儒学大师孟子谈话的场合和所涉及的人和事，记录了孟子和谈话对象意见的分歧、双方展开辩论的过程和各自的情态，增加了形象描写成分，再现了孟子的性格、情感、心理活动和人格精神。

《荀子》是战国末年赵国著名思想家荀况的著作，记录了荀况的自然观、认识论以及伦理、政治和经济思想。

《荀子》涉及面较广，内容主要包括哲学、政治、经济、历史、军事、文学等方面。《荀子》的很多文章每篇专论一个理论问题，标志着专题论文的

出现。每篇有一个揭示主旨的标题，而且围绕中心观点层层深入地展开论述。这种以论为题的文章，成为后世“论”文体的鼻祖。

《老子》是记录老子哲学思想的著作，是一部具有完整理论体系的哲学著作，它所阐述的“道”、“德”、“太极”、“无极”、“自然”、“无为”等概念，十分有影响，表现出古代哲学博大精深的一面，对后世的哲学发展起到了引导和推进作用。

《老子》采用语录体韵文的形式，析理精微，语言富有理趣，既有哲理的特征，也有诗歌的色彩。它开创了一种与《论语》不同的思维表达方式。《论语》是用概括性的语言对经验性的结论作陈述，而《老子》则是用思辨性的语言对抽象性的哲理体验作表述。

《墨子》一书是战国初期思想家墨翟及墨家学派的言论汇集，相传为墨子的弟子所记。《墨子》的多数文章还保留了语录体对话形式，但有些篇章已初具论说文的规模。《墨子》思想自成体系，其文章也颇富逻辑性，它讲究论证方法，善用具体事例说理，并善于从具体问题的论争中明辨是非，表现了论说文的发展。《墨子》注重论辩，而不大讲究文采，故其文风质朴。

先秦说理散文是中国散文创作的典范，它以成熟的说理文体制，形象化的说理方式，丰富多彩的创作风格和语言艺术，影响了后世的文学创作。另外，先秦说理散文不仅标志着说理议论文体的成熟，而且也包孕了寓言、小说等因素。

在汉代，产生了一种新的文学体裁，这便是汉赋。赋是一种用于诵读的散文体裁，大多采用主客问答形式，其句式非常灵活，韵散相间，以描写为主，也有一些说理性作品。在段落开头常用一些标志性词语，显示出散文化的特点。

在散文史上，赋有着一定地位，特别在汉代，它是一种具有代表性的汉代散文体裁，它在丰富散文语言和提高散文表达技巧方面，都对以后散文发展产生了非常深远的影响。

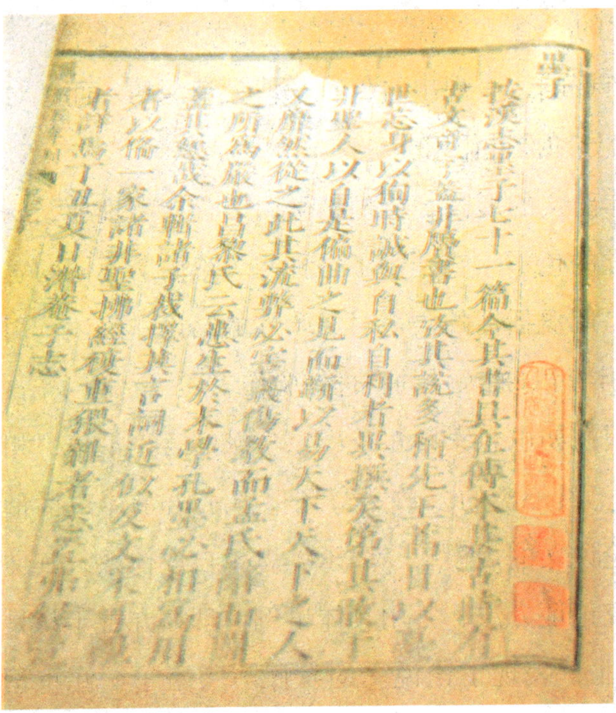

在汉代辞赋的基础上，魏晋南北朝的辞赋出现了新的发展和变化，其突出的标志是抒情、咏物小赋的大量涌现，咏物抒情小赋随着骈文的成熟而逐渐发展为骈赋。

抒情小赋或托物言志，或咏物抒情。在艺术上继承着大赋的铺排手法，但语言较汉大

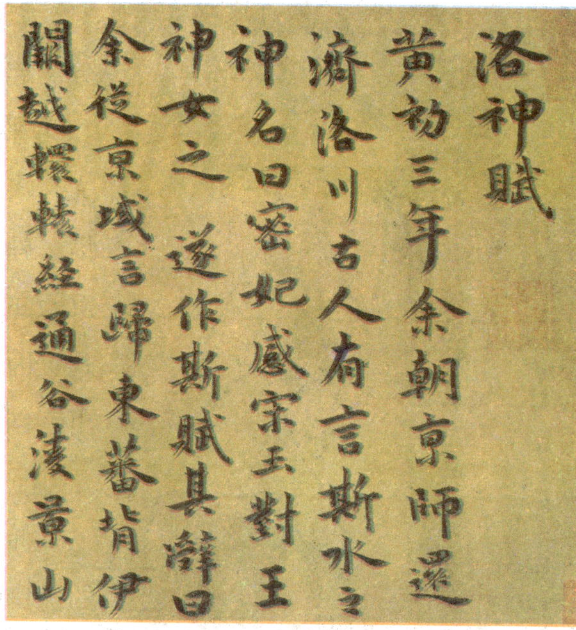

赋朴素得多，手法精巧灵活、风格多样，有的清丽自然，有的感情激切。汉末的抒情小赋有诗意化的倾向。

抒情小赋发展到汉魏时期，进一步成熟，其中以曹植的赋作成就最高。曹植的《洛神赋》全赋采取浓厚的浪漫主义手法，运用丰富、奇特的想象，通过一个梦幻境界，借以抒发个人政治上的压抑和理想的破灭。全赋充满了悲剧性的抒情气氛，感情真挚浓烈，文辞绚烂轻灵，尤其对洛神容貌、身材、服饰、言语、风度之美的描写，极为绚丽多彩。《洛神赋》标志着汉赋的发展与创新。

此外，两晋时的潘岳、陆机和南北朝的谢惠连、鲍照、谢庄的抒情散文也十分出色，其情感真挚，感人至深。

唐代，文学家韩愈、柳宗元等人掀起“古文运动”，大力提倡作散文，为唐代散文树立了一种自由抒写的新文风，这大大提高了散文的抒情、叙事、议论、讽刺的艺术功能。

韩愈勇于创新，文章不落俗套，新奇活现。他用生动形象、优美自然、富于表现力的散文取代了雕饰过重的骈文，并将各种新的表现手法灵活地运用于各种文章体裁之中，使不少文体发生了创变。他的墓志铭、祭文、序文、书信都体现了这种特色。

墓志铭一般包括志和铭两部分。志用散文，多叙述死者的家世和生平事迹，类似传记；铭用韵文，多表示对死者的赞扬、悼念之情。韩愈却打破了墓志铭这种死气沉沉的局面，他写的墓志铭无定式，因人而异，随事而别，新意迭出，创造性地发展了墓志铭文体，开创了墓志铭新风。

韩愈很好地继承先秦两汉以来的优良散文传统，以自己的创作理论和创作实践完成了一种新型的散文。它既不同于骈文，也不同于先秦两汉的古文，而是更接近当时的语言实际，更自然活泼、明晓流畅，其语言的表现力和生动性得以充分发挥，应用范围达到了无限广泛的程度，不论用它来说理、叙事、抒情，或者日常应用，都抒写自如，且言辞达意。

唐中期的柳宗元诗文成就杰出，他的各种体裁的文章都很出色，散文中山水游记文体在他手中真正成熟起来。

在柳宗元之前，已有大量游记文学出现，但都不出色，直到柳宗元才把山水游记写得成熟起来，成为一种独立体裁。柳宗元山水游记在我国散文史上有着独立地位，影响非常大。

到了明代，散文创作获得了巨大成就，散文创作领域非常广泛，高手如林，风格多样，流派纷呈。明代散文直接影响到清代的文学发展。因此，明代散文无论是在思想内容的表现上，或是艺术形式的创造上，都有其不容忽视的地位。

清代晚期，康有为、梁启超是当时散文改良运动的代表人物，也是散文学术上改良派的代表作家，他们的散文不拘传统古文程式，直抒己见，畅所欲言。

梁启超的新体散文更是对一切传统古文的猛烈冲击，为清代晚期的文体解放和白话文运动开辟了道路，他的《少年中国说》就是这样一篇典型的散文作品。

拓展阅读

在我国散文史中，先秦散文占据着非常崇高的地位。先秦时期是散文的蓬勃发展阶段，出现了许多优秀的散文著作。当时的散文，基本上是哲学、政治、伦理、历史方面的论说文和记叙文。其中，以儒、道为代表的先秦论说散文，以其深厚的思想内涵和文化意蕴，确定了作家的人格理想、作品的审美风范，成为中国古代文学的基石之一。

从总体上看，先秦散文是我国古代散文的发轫，在先秦时期，我国古代散文开创了一个极好的开局，取得了辉煌的成就，是先秦文学的一个重要组成部分。先秦散文在史学和文学方面，树立了榜样，对后世史学和文学的创作与发展产生了极为深远的影响。

以故事反映生活的小说

在我国春秋战国时，史官把宗教故事记载进史籍，这一时期的宗教故事多数都是幻想化和神秘化的历史故事。在神话中，神是幻想世界的主体，神话的幻想境域是排斥人类在外的神灵的世界，而在宗教故事中，人变成了幻想世界的主体，人可以与鬼神互相交往。

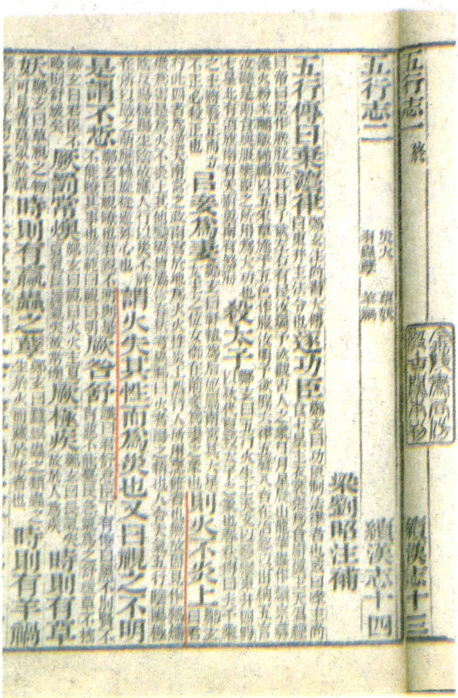

汉朝时期，神话传说和宗教故事孕育出一种新的文体形式，那就是一些被称为小说的散文。东汉学者班固在《汉书》中写道：

小说家者流，盖出于稗官。街谈巷语，道听途说者之所造也。

孔子曰：虽小道，必有可观者

焉，致远恐泥，是以君子弗为也。然亦弗灭也。闾里小知者之所及，亦使缀而不忘。如或一言可采，此亦刍荛狂夫之议也。

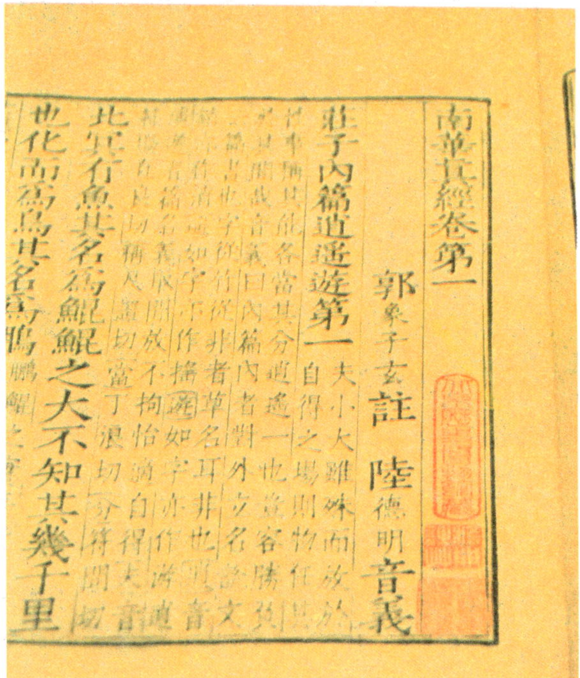
南華真經卷第一
郭象子玄註 陸德明音義
莊子內篇逍遙遊第一
北冥有魚其名為鯤鯤之大不知其幾千里
也化而為鳥其名為鵬

“小说”一词，最早见于《庄子·外物》：“饰小说以干县令，其于大达亦远矣。”这里所说的小说是指琐碎的言谈、小的道理，与后来的小说相差甚远。

魏晋时期，在东汉这种新形式文体萌芽基础上产生了志怪小说和志人小说。志怪小说以记叙神异鬼怪故事传说为主体内容，它是受当时盛行的神仙方术之说而形成的侈谈鬼神、称道灵异的社会风气的影响之下形成的。

志人小说是专记人物言行和历史人物传闻轶事的一种杂录体小说，又称“清谈小说”、“轶事小说”。

魏晋南北朝时期的志怪小说，不仅数量庞大，而且内容复杂，表现出较高的质量层次，其作品想象丰富，情节曲折，人物形象丰满，语言优美。

在众多的志怪小说当中，东晋时期的史学家干宝的《搜神记》成就最为突出。在《搜神记》中，干宝搜集了400多篇古代神异故事，另

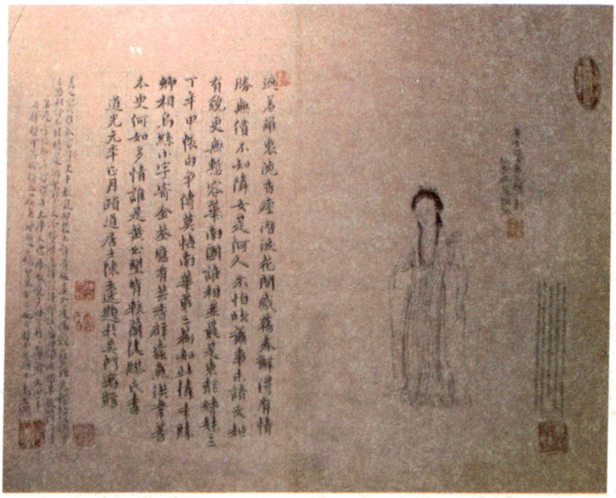

外，还搜集了不少民间传说和神话故事，其中大部分故事在一定程度上反映了古代人民的思想感情。

在文法上，《搜神记》运用了韵散相结合的形式。这种形式不仅影响其他小说创作，也使其成为古代小说的民族特色之一。

南朝宋刘义庆的志人小说《世说新语》是我国最早的一部文言志人小说集，其成就和影响最大，代表了魏晋南北朝时期志人小说的最高峰。

《世说新语》全书共收一千多则故事，记述简练，一般只有数行文字，短的只是三言两语。它主要记载汉末至东晋年间一些士大夫的言行轶事。

《世说新语》语言质朴精练，有的就是民间口语，言简意深，耐人寻味。记载人物往往是一些零碎的片断，但传神地表达了人物的个性。书中随处可见出色的比喻和形容、夸张和描绘。

志怪小说和志人小说相比，志人小说缺乏志怪小说丰富的想象和幻想，以及鲜明的人物形象和比较完整的情节，因此，志怪小说具有更多的小说因素，更容易发展成更高级的小说形态。

唐代，出现了很多“传奇小说”，为后世小说提供了宝贵经验。唐代传奇小说是指唐代流行的文言小说，作者大多采取记、传的形式，以史家笔法，写一些奇闻逸闻。代表性作品有唐初王度的《古镜记》、白行简的《李娃传》、杜光庭的《虬髯客传》等。

唐代传奇小说的艺术成就非常高，情节的传奇性与现实性相容，情节的虚构、想象与作品的艺术性融合一体，其虚构和想象标志着文言短篇小说创作的成就，很多作品都是情节离奇，人情味也很重，所以唐代传奇小说具有很高的艺术魅力和美学价值。

进入宋元两代，流行于市民阶层的“说话”艺术不断地发展，最终使极具市民特征的话本小说流行开来，并且得到了更大发展。

宋元话本小说的出现，使我国古代小说从内容到形式都更加面向社会，面向大众，也标志着我国古代短篇白话小说从萌芽走向成熟。

白话小说是用通俗文字写成，多以历史故事和当时社会生活为题材，是宋元时期民间艺人的说唱底本，也称为“话文”，或简称“话”。后世留传有《清平山堂话本》、《全相平话五种》等。

话本语言以白话为主，融合部分文言，也穿插一些古典诗词。作为当时一种新的文学体裁，语言生动、泼辣，富于表现力，作品的主角多为手工业者、妇女、市井商人等，为新兴的市民阶层所喜闻乐见。对后代通俗文学和戏剧、曲艺等产生了很大影响。

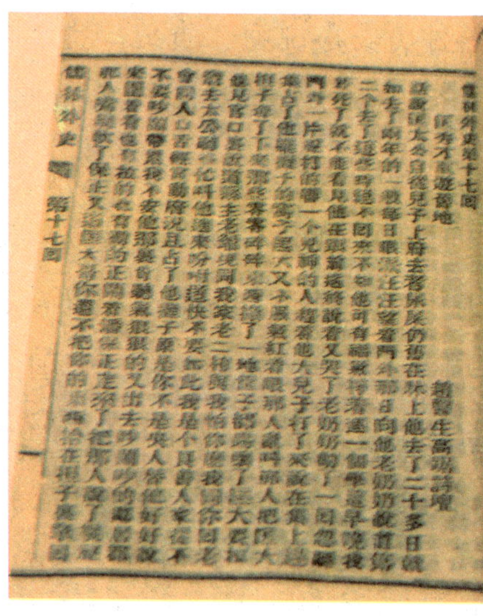

明代，小说出现了空前繁荣的局面。从明代开始。小说这种文学形式才充分显示出它的社会作用和文学价值，打破了正统诗文的垄断地位。在文学史上，取得了与唐诗、宋词、元曲并肩的地位。

明中期以后，工商业得到进一

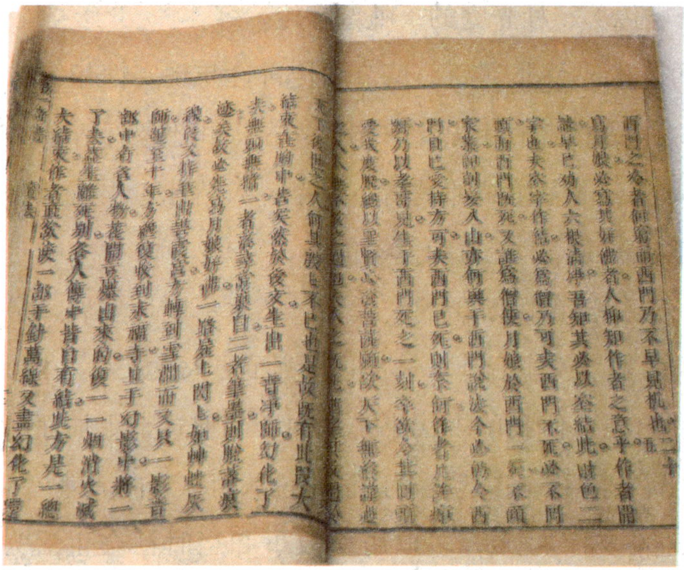

步的发展，城市扩大，市民阶层日益壮大，他们的生活和思想要求在文学中得到反映，明文人继承发展宋元时期说话艺术创作出了通俗小说。

通俗小说是为满足社会上最广泛的读者群需要，适应大众的兴趣爱好、阅读能力和接受心理而创作的一类小说。通俗小说以娱乐价值和消遣性为创作目的，重视情节编排的曲折离奇和引人入胜，表现人物形象的传奇性和超凡脱俗，而较少着力于深层社会思想意义和审美价值的挖掘。

明代继承了宋元时期称为“讲史”即“演史”的章回小说，并称这种历史小说为“演义”。章回小说分章回叙述，原来话本的每节，改为章回小说的每章回，章回小说成为我国古代长篇小说的主要形式，其段落整齐，首尾完整。

在章回小说中，历史演义类小说特别发达。这类小说通常是以史实和传说相结合的形式，叙写某一特定历史时期的重大社会政治矛盾与风云人物。罗贯中的《三国演义》就是我国著名的长篇章回体历史演义小说，具有极高的文学价值和艺术成就。

明代小说，如按题材和流派来进行分类，可有历史演义、英雄传奇、幻化神魔、人物传记、爱情故事、宫闱秘史等。其中，历史演义、英雄传奇、幻化神魔类题材小说最受人们的喜爱，得到了快速的发展。

在明代，历史演义小说代表作品有《三国演义》，英雄传奇小说代表作品有《水浒传》，幻化神魔小说代表作品有《西游记》。

《水浒传》诞生于元末明初，是一部描写北宋末年以宋江为首的一百零八个好汉在梁山泊起义，以及聚义之后接受招安、四处征战故事的章回体小说。

世情小说是古典白话小说的一种，又称为人情小说、世情书等。世情小说叙写的种种情事，描写的种种人物，都是当时社会生活的真实再现。由于这类小说将人间冷暖、世态炎凉刻画得非常形象透彻，所以得到了很多读者的喜爱。

我国古代小说中早有写人情的传统，在魏晋小说中，虽然主体是

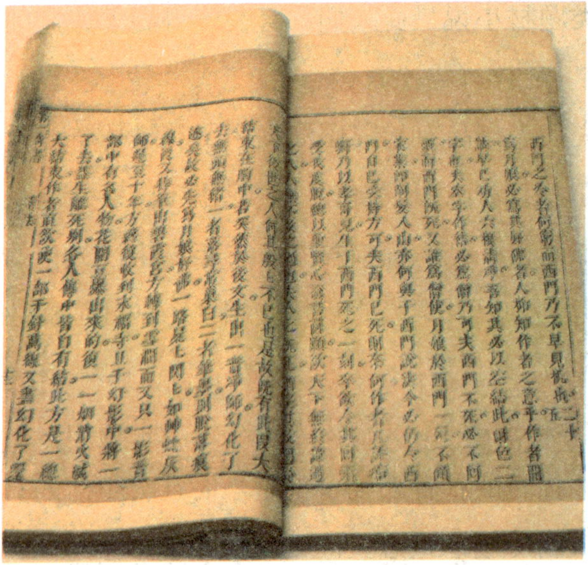

“记怪异”，但也有些故事“渐近于人性”，表现恋爱婚姻的理想，如《吴王小女》《韩凭夫妇》《河间男女》等。

但真正的世情小说主要是指宋、元以后古典白话小说中内容世俗化、语言通俗化的这类小说。这类世情小说在明代得到迅速发展并开始流行。

明代兰陵笑笑生的《金瓶梅》揭开了世情小说的帷幕，成为我国第一部长篇世情小说，可是它并非源自短篇人情话本，而是直接源出于《水浒传》这部“讲史”的长篇小说。

《金瓶梅》是古代小说发展史上的里程碑，为我国古代小说的发展做出了历史性的贡献。它从取材于历史转为取材于现实生活。它虽然还假托往事，虽然还不能完全摆脱历史的影子，但实际上主要是写现实生活，这是古代长篇小说题材转变的标志。

清代是我国古典小说盛极而衰并向近代小说、现代小说转变的时期。由于社会的发展，为小说家提供了更为广阔的创作空间，创作题材更为丰富多彩。这种创作环境使世情小说发展到了巅峰，曹雪芹的《红楼梦》就是世情小说的集大成者，也是整个中国古代小说艺术的最高峰。

《红楼梦》以其曲折隐晦的表现手法、凄凉深切的情感格调、强烈的思想感情，真实地再现了18世纪上半叶我国封建社会末期的社会生活，对当时即将土崩瓦解的封建社会的方方面面进行了有力的鞭挞。

讽刺是一种常见的艺术手法，在任何题材的小说中都可以运用。在清代，出现了一些以讽刺为基本特色的章回小说，《儒林外史》是讽刺小说中最杰出的代表。

《儒林外史》秉承高度写实的创作精神。作者一方面写出讽刺对象丰富的外在性格特征，一方面又挖掘出他们深邃的内心世界，使刻画的人物个性鲜明，呼之欲出。同时是一部具有开创性的杰作，是一座讽刺小说的高峰，对后代的小说创作有着深远的影响。比如，它的内容为晚清谴责小说所吸取，它的形式也为谴责小说所借鉴。

武侠与公案小说是在我国小说史上独立发展而关系密切的两个流派。武侠小说以豪侠仗义行侠为主要内容，歌颂重义尚武、扶困济危的侠客行为。汉代《史记》中的《刺客列传》、《游侠列传》为侠义小说提供了有益的借鉴。到了唐代，武侠题材的传奇很多，如《虬髯客传》、《红线》、《昆仑奴》、《聂隐娘》等都属此类小说。

公案小说主要描写

清官断案的故事，歌颂刚正不阿、清明廉洁、执法如山、为民申冤的清官。清中叶以后，武侠与公案小说逐渐合在一起，成为武侠公案小说。代表作品有《龙图公案》、《三侠五义》和《施公案》等。

小说发展至近现代，其主体是“五四”新文化中诞生的一种用白话文写作的小说。它取法欧洲近代小说，却植根于现实生活的土壤，既不同于我国历来的文言小说，也迥异于传统的白话小说，而属于一种新体小说。

拓展阅读

魏晋南北朝的志怪小说在我国小说史上有着十分重要的意义。唐代传奇就是在它的基础上，又接受史传文学的影响而发展起来的相当成熟的文言短篇小说。

同时，魏晋南北朝志怪小说为白话长短篇小说、戏剧提供了丰富的神怪故事的素材。宋人平话如《生死交范张鸡黍》、《西湖三塔记》是出自《搜神记》相同题材的故事；明末长篇小说中的《封神演义》、《三国演义》吸收了《搜神记》的若干材料；关汉卿的《窦娥冤》，汤显祖的《牡丹亭》、《邯郸记》是《东海孝妇》、《庞阿》、《焦湖庙祝》历史著作的进一步发展。另外，志怪小说在艺术创作和表现手法上为后代小说积累了一定的艺术经验，一直给后代小说以深刻的启示和影响。

展现故事情节的戏剧

原始歌舞一路发展，到了汉代，产生了百戏，百戏是民间表演艺术的泛称，《汉文帝纂要》载："百戏起于秦汉曼延之戏，技后乃有高絙、吞刀、履火、寻橦等也。"可见百戏是对民间诸技的称呼，尤以杂技为主。

汉代百戏中比较有名的《曼延之戏》，其中的"曼延"有两种解

释，古籍中“巨兽百寻，是为曼延”中的“曼延”两字是形容巨兽的长而大的。

“鱼龙曼延”则是鱼龙变化的意思。这两种“曼延”都属于“曼延之戏”。这种舞蹈具有古代图腾舞蹈的痕迹，在表演时还保留一些神秘的气氛。古籍中描绘道：

巨兽百寻，是为曼延。神山崔巍，欻从背见。熊虎升而拏攫，猨狖超而高援。怪兽陆梁，大雀踆踆。白象行孕，垂鼻辚困。海鳞变而成龙，状蜿蜿以蝹蝹。含利飏飏，化为仙车。骊驾四鹿，芝盖九葩。蟾蜍与龟，水人弄蛇。奇幻倏忽，易貌分形。

文中形象地描绘了人们在有关场合模仿各种动物欢欣起舞的戏剧

场面。汉代《曼延之戏》显得很有层次，但是每一种表演之间又没有必然的逻辑关系。首先，一只熊和一只虎在巍峨的山中相遇，它们一见面就开始互相搏斗起来。

然后是一群猿猴跳跃追逐、登高攀援的情形，很快一只怪兽又出现了，它把大雀吓得缩首缩尾，东躲西藏。紧接着出现的倒是和平景象，大白象带着小白象漫步缓行，大白象甩着大鼻子，小白象边走边悠闲地喝水。

接着表演进入高潮，也就是鱼龙相变。当大鱼忽然变成长龙以后，它开始蜿蜒舞动起来，给人以惊喜和美的享受。然而，变化还没有到此结束。一只含利兽，一开一合地张着嘴，转眼之间变成了一辆驾着四匹鹿的仙车，车上有美丽的华盖。蟾蜍、大龟紧接着相继出场。

因此，《曼延之戏》不仅有奇形怪兽，而且还加上了“易貌分

形”的幻术表演。从中可以得出结论，也就是《曼延之戏》中巨大的假形表演，是一种事先规划好的表演。

《东海黄公》也是汉代乐舞中非常著名的一出节目，这个节目在晋代学者葛洪所著的《西京杂记》中有比较详细的记载，原文是：

> 余所知有鞠道龙善为幻术，向余说古时事：有东海黄公，少时为术能制御蛇虎，佩赤金刀，以绛缯束发，立兴云雾，坐成山河。
>
> 及衰老，气力羸惫，饮酒过度，不能复行其术。秦末有白虎见于东海，黄公乃以赤刀往厌之，术既不行，遂为虎所杀。
>
> 三辅人俗用以为戏，汉帝亦取以为角抵之戏焉。

山东临沂汉画像砖中有表现《东海黄公》故事的一幅图，画像中黄公头戴面具，执刀而立，徒手抓住老虎的一条后腿，使其欲逃不得。老虎回头向黄公做张口怒吼之状，颇为传神。

《东海黄公》表现出人虎搏斗的戏剧场面，但它不像一般的百戏那样，由两个演员上场竞技，以强弱决定输赢，而是根据特定的人物故事演出的一段情节。戏里人物的造型、冲突的情

境、胜负的结局都是规定好的，其间还有举刀祝祷、人虎相搏等舞蹈化的动作。

它突破了古代倡优即兴随意的逗乐与讽刺表演，把“戏”的几种因素初步融合起来，为后来的“戏剧”的形成奠定了初步基础。因而，它带有一定的戏剧因素。

从《东海黄公》开始，人们将杂技、杂耍、乐舞等多种表演手段融合起来表现一定的故事情节，这就诞生了对“戏”的有意编排。因此，《东海黄公》常常被看作是我国剧本史的发端作品。

对“戏”的有意安排是剧本产生的思想基础，它以代言体方式为主，进行故事情节的安排。它是演员进行表演的文本基础。

唐代时，汉代的百戏有了新名称，叫“杂剧”，也泛指诸如杂技等各色节目。“杂”指繁杂，“百”是形容多；“戏”和“剧”的意思相仿。

到了宋代，“杂剧”逐渐成为一种新的表演形式的专称，它通常分为3段：第一段称为“艳段”，表演内容为日常生活中的熟事，作为正式部分的引子；第二段是主要部分，是表演故事、说唱或舞蹈；第

三段叫散段，也叫杂扮、杂旺、技和，表演滑稽、调笑，或间有杂技。3段内容各异，互不连贯。

南宋时，杂剧流传到南方，并在东南沿海地区发育成熟起来，它出现了一些变化，演唱形式灵活多变，声音轻柔婉转，最早出现在浙江温州，称为“温州杂剧”、“永嘉戏曲”，也称戏文、南词、南曲戏文，后人为区别于北曲杂剧，简称为南戏。

在元代时，社会发生了重大变化，科举制度还没有恢复，失意的文人和民间艺人合作，创作了很多反映现实生活并具有艺术价值的戏剧作品，以抒发自己的思想感情，对杂剧的兴盛起了推进作用。他们的创作在我国戏曲史、小说史上处于承上启下的重要环节，培育了一大批戏曲、小说作家。

元初到元大德年间，元杂剧发展至鼎盛时期，元大都以及各地的杂剧演出非常活跃，作家辈出，名作如林，如关汉卿的《窦娥冤》、《救风尘》、《拜月亭》、《单刀会》，王实甫的《西厢记》，马致远的《汉宫秋》，纪君祥的《赵氏孤儿》等优秀作品。

关汉卿一生创作了60多本杂剧。元末明初杂剧作家贾仲明在《录鬼簿》中称关汉卿为：“驱梨园领袖，总编修师首，捻杂剧班头。”可见，关汉卿在元代剧坛上的地位。

关汉卿写了很多名传后世的剧本，在作品中塑造出众多鲜明的艺术形象，在《窦娥冤》、《拜月亭》、《望江亭》等剧里，出色的心理描写打开了作品人物内心世界的窗扉，成为他塑造主要人物形象不可缺少的艺术手段。

元杂剧的极大繁荣，为明清时期的进一步发展奠定了有力的基础。明清时期，杂剧之名渐渐由戏曲之名所取代。这个时期，戏曲已经成为融文学、音乐、舞蹈、武术、杂技等为一体的综合性舞台艺术。

明清时期，诞生了很多戏曲剧种，比如明传奇、昆曲、徽剧、京剧、豫剧等。明传奇在形式上承继南戏体制，且更加完备。一个剧本大都只有30出左右，常分为上、下两部分。作家还特别注意结构的紧凑和科诨的穿插。

明代传奇的音乐也是采取曲牌联套的形式，但比南戏有所发展，一折戏中不再限于一个宫调。曲牌的多少，也取决于剧情的需要。另外，所有登场的角色都可以演唱。

明代中叶，传奇作家和剧本大量涌现，其中成就最大的是汤显祖。他一生写了许多传奇剧本，包括最受人们喜爱的《牡丹亭》。

随着各种戏曲的蓬勃发展，各种剧本也不断产生。

剧本主要由台词

和舞台指示组成。对话、独白、旁白都采用代言体，在戏曲中则常用唱词来表现。剧本中的舞台指示是以剧作者的口气来写的叙述性的文字说明。包括对剧情发生的时间、地点的交代，对剧中人物的形象特征、形体动作及内心活动的描述，对场景、气氛的说明。

近现代，剧本已经是一种独立的文学形式了，它成为戏剧艺术创作的文本基础，编导与演员需要根据剧本进行演出。

拓展阅读

关汉卿因为编演《窦娥冤》剧本得罪了官府，官府要捉拿他治罪。关汉卿得知消息后，连夜逃走。途中，关汉卿遇到了几名捕快。

捕头问："你是干什么的？"

关汉卿答道："三五步走遍天下，六七人统领千军。"

捕头见他出口成章，便问道："你是关汉卿？"

捕头本来爱看戏，特别爱看关汉卿编演的戏，知道眼前这人便是关汉卿，捉他，于心不忍，不捉，五百两赏银没了。

关汉卿看透了他的心思，便顺口吟道："台上莫漫夸，纵做到厚爵高官，得意无非俄顷事；眼前何足算，且看他抛盔卸甲，下场还是普通人。"

这副对联打动了捕头，他便对另几名捕快说："放这个人去吧，这人是个疯子。"

关汉卿就这样脱了险，他将这段经历写进了剧本里，使这段轶事流传下来。